HEYNE‹

W0065811

Zum Buch

»Als Kind hatte ich nicht die geringste Ahnung, was das überhaupt war, ein Kolumnist. In der Schule lachten sie, wenn
ich den Beruf meiner Eltern erwähnte. Mein Klassenlehrer
verpasste mir sogar eine Ohrfeige und schrie: ›Damit gibt
man nicht an!‹ Keiner meiner Mitschüler hatte einen Kolumnisten zum Vater, geschweige denn eine Mutter. Ich wurde
niemals zu einem Geburtstag eingeladen und niemand wollte
neben mir sitzen.« Mittlerweile hat Hans Zippert es geschafft:
Seine Kolumne »Zippert zappt« ist legendär. Tag für Tag erscheinen seine gnadenlos-satirischen Bestandsaufnahmen
unserer Welt – immer böse und charmant. Zippert erklärt,
weshalb der Brokkoli das intelligenteste Lebewesen ist, welche Vorteile die private Endlagerung von Atommüll mit sich
bringt, wie die Hartz IV-Chipkarte für Kinder funktioniert
und warum Glühbirnen-Partys zu massiven Rauschzustän-
den führen können. In diesem Buch sind seine besten Texte
versammelt.

Zum Autor

Hans Zippert ist einer der bekanntesten Kolumnisten, Reise-
journalisten und Satiriker Deutschlands. Von 1990 bis 1995
war er Chefredakteur der Satirezeitschrift *Titanic*. Seit 1999
schreibt er in der *Welt* die Kolumne »Zippert zappt«, in der er
aktuelle Ereignisse satirisch betrachtet. Für »Zippert zappt«
bekam er 2007 den Henri Nannen Preis, mit dem er 2011
zum zweiten Mal ausgezeichnet wurde. Er lebt als freischaf-
fender Autor bei Frankfurt am Main.

WAS
MACHT
DIESER
HANS ZIPPERT
EIGENTLICH
DEN
GANZEN
TAG?

AUS DEM LEBEN EINES
BEKENNENDEN KOLUMNISTEN

WILHELM HEYNE VERLAG
MÜNCHEN

Die Originalausgabe erschien 2009
bei der Edition Tiamat, Berlin

Verlagsgruppe Random House FSC-DEU-0100
Das für dieses Buch verwendete
FSC®-zertifizierte Papier *Holmen Book Cream*
liefert Holmen Paper, Hallstavik, Norwegen.

Vollständige aktualisierte und ergänzte
Taschenbuchausgabe 08/2011
Copyright © 2009 Verlag Klaus Bittermann
Copyright © der aktualisierten und neuen Texte 2011 Hans Zippert
Copyright © 2011 der deutschsprachigen Ausgabe
by Wilhelm Heyne Verlag, München,
in der Verlagsgruppe Random House GmbH
Printed in Germany 2011
Umschlaggestaltung: © Nele Schütz Design, München,
unter Verwendung eines Fotos von © Thinkstock/AlexDi
Satz: C. Schaber Datentechnik, Wels
Druck und Bindung: GGP Media GmbH, Pößneck

ISBN: 978-3-453-59024-3

www.heyne.de

INHALT

»... über Zippert, den Kolumnisten, hat er einmal einen längeren Artikel gelesen, er konnte sich nicht vorstellen, wer hinter diesen Kolumnen steckt. Jeden Tag auf die Minute eine kleine Kolumne zu schreiben und dann mit gesenktem Kopf in einem ausgelichteten Wäldchen eine Dreiviertelstunde in der Pose des Grüblers spazieren-zugehen, das hat was, er kann sich gut vorstellen, wie jemand durch unermüdliche Übung jetzt auf beinahe traumwandlerische Weise Tag für Tag diesen kurzen Humor-Ausstoß von fünfundzwanzig Zeilen produzie-ren kann und nach dieser heftigen, kleinen Ekstase dann einen Weile brauchen wird, die Leere in seinem Kopf zu bekämpfen. Aus ihm unerklärlichen Gründen findet er so ein zurückgezogenes Leben auf der Basis einer ein-zigen Tageszeitungskolumne attraktiv, vielleicht sehnt er sich insgeheim nach einer derart abgegrenzten und doch professionellen Aufgabe, durch so etwas bliebe man auf dem Laufenden und hätte doch jeden Tag Zeit genug für sich selbst, außerdem wäre man frei, absolut frei und nicht einem einzigen Menschen Rechenschaft schuldig.«

HANNS-JOSEF ORTHEIL
»Die geheimen Stunden der Nacht«

ZUM GELEIT

Ich stamme aus einer alten Kolumnistenfamilie. Mein Vater war Kolumnist in der vierten Generation. Auch die Mutter meiner Mutter trat als Kolumnistin hervor. Ihr Vater, also mein Urgroßvater, arbeitete als Handlungsreisender und hatte halb Ostpreußen mit Konsonanten versorgt. Seine Ware war begehrt, auf dem Land kannte man nur Vokale und ein paar unschöne Zischlaute, die herrlichen, blankpolierten Konsonanten meines Urgroßvaters fanden reißenden Absatz. Zwei Jahre verbrachte er im Gefängnis, weil er einen verbotenen Handel mit Umlauten betrieb. Seine Tochter, meine Großmutter, war eigentlich Trichinenbeschauerin. Sie wagte es als einzige Frau im ganzen Landkreis durch ein Mikroskop zu schauen, und was sie da sah, schrieb sie auf. Ihre Kolumne erschien in der Zeitschrift des Tierkörperverwerterverbandes, dem »Metzger-Menetekel«, und hieß »Vergrößerungen«. Penibel notierte sie Anzahl und Aussehen der Trichinen und las aus den Innereien der geschlachteten Tiere die Zukunft. Noch im hohen Alter legte sie jede Wurstscheibe unters Mikroskop und machte sich kopfschüttelnd Notizen. Meiner Mutter vererbte sie ein großes Haus und das Talent, regelmäßig eine weiße unbedruckte Fläche mit Buchstaben zu füllen.

Meine Kindheit verbrachte ich in eben jenem großen Haus mit Backsteinfassade und hohen, dunkel möblierten Räumen. Die Gardinen mussten auf Geheiß meines Vaters den ganzen Tag geschlossen bleiben, damit ihn kein Sonnenlicht ablenken konnte. In Wirklichkeit hatte er Angst, aus einem der Nachbarhäuser beobachtet zu werden. Er glaubte, überall lägen neidische Kollegen auf der Lauer, um ihm die Ideen zu stehlen. Er hatte sogar die Sonne im Verdacht. Tagsüber musste absolute Ruhe im Haus herrschen. Mein Vater und meine Mutter saßen in verschiedenen Stockwerken weit voneinander entfernt und arbeiteten an ihren Texten. Ich durfte nicht zu viel Lärm machen, sonst wurde sofort ein Taxi gerufen und der Fahrer bekam den Auftrag, mit mir in den Zoo oder ins Kaspertheater zu gehen. Irgendwann wurde für mich ein Kindermädchen engagiert, das die Aufgabe hatte, mich mindestens acht Stunden ruhigzustellen. Meine Mutter bekam ich nicht sehr oft zu Gesicht, morgens fand ich manchmal einen Brief von ihr vor, der mich informierte, dass ihr Bild in der Zeitung abgedruckt sei. Da konnte ich dann sehen, dass sie ihre Frisur geändert oder sich ein neues Kleid gekauft hatte.

Meinen Vater sah ich nie, er verließ sein Arbeitszimmer jedenfalls nicht, solange ich in der Nähe war. Im Esszimmer hing immerhin eine gerahmte Fotografie, auf der ein älterer Mann in einem schwarzen Anzug meinem Vater einen Pokal überreichte. Für zwanzig Jahre unermüdliches Schreiben. »Unserem Täglichsten« stand unter dem Foto, auf dem mein Vater gequält lächelte.

Als Kind hatte ich nicht die geringste Ahnung, was das überhaupt war, ein Kolumnist. In der Schule lachten sie, wenn ich den Beruf meiner Eltern erwähnte. Mein Klassenlehrer verpasste mir sogar eine Ohrfeige und schrie: »Damit gibt man nicht auch noch an!« Er hatte natürlich Kommunist verstanden. Keiner meiner Mitschüler hatte einen Kolumnisten zum Vater, geschweige denn eine Mutter. Ich wurde niemals zu einem Geburtstag eingeladen und niemand wollte neben mir sitzen. Als ich zehn Jahre alt wurde, schrieb mir meine Mutter, ich sei jetzt zu alt für irgendwelche kindischen Feiern, es würden am Abend einige Gäste kommen, mit denen ich mich sicher prächtig verstehen werde. Es erschienen etwa ein Dutzend Männer und Frauen, die alle mindestens viermal so alt wie ich waren. Sie kannten meine Eltern aus dem Kolumnistenclub und betrachteten mich wie ein seltenes Insekt. »Schön, dass wir dich auch mal in natura sehen«, riefen sie. Ich hatte keine Ahnung, was sie damit meinten, aber dann überreichte mir ein sportlich gekleideter Herr mit Schnauzbart und Monokel ein Büchlein und sagte: »Die Zeichnungen sind von mir, ich hoffe, sie gefallen dir, Junge.« Das Buch hieß »Wenn der Vater mit dem Sohne – aus dem Leben eines Erziehungsberechtigten«. Es war ein Sammelband mit Kolumnen meines Vaters. Ich begann zu lesen und wurde rot, denn er wusste einfach alles über mich. Er war auch mit mir im Zoo und im Kaspertheater gewesen und hatte sich jeden Ausspruch notiert. Genauer gesagt hatte das wohl der Taxifahrer gemacht. Jedenfalls begriff ich, dass mich mein Vater die ganze Kindheit hindurch beobachtet hatte und über alle meine Aktivitäten unterrichtet war. Fast jeden meiner Aussprüche hatte er verändert, es klang jetzt sehr lustig und fast schon weise, was ich zu sagen hatte. Ich bemerkte, dass die Gäste ein wenig enttäuscht waren, weil ich an diesem Abend nicht so originell reagierte wie in den Texten meines Vaters. Ich hörte, wie eine Frau sagte: »Das Kind ist ausgebrannt, sie sollten sich bald ein neues besorgen.« Der sportliche Herr betrachtete mich missbilligend durch sein Monokel und flüsterte der Frau zu: »Er sieht nicht sehr sympathisch aus. Für das nächste Buch müsste ich den Bengel komplett retuschieren.« Ich fühlte mich miserabel. Später bekam ich raus, dass meine Mutter heimlich meinen Vater dabei beobachtete, wie er mich beobachtete, und ihre Kolumnen erschienen in einer psychologischen Fachzeitschrift unter dem Titel »Vaterschaftstest«.

Kurz nach diesem traumatischen zehnten Geburtstag schickten mich meine Eltern auf ein Internat für schwer beschreibbare Kinder in Bad Herrenalb. Danach kam ich auf die renommierte Kolumnisten-Akademie in Bad Drillingen, wo ich sechs Jahre durch die Hölle ging. Wir wurden mitten in der Nacht geweckt, im Wald ausgesetzt und mussten mit den Fingernägeln eine Kolumne in Baumrinde ritzen. Sadistische Ausbilder ließen uns zwanzig Stunden an einer Pointe schleifen. Ich wurde am Bleistift ausgebildet, musste während des Schreibens Patronen im Füller nachladen und lernte einen Kugelschreiber in drei Minuten auseinanderzubauen und wieder zusammenzusetzen. Als ich die Akademie verlassen durfte, hatte ich es zum Kolumnistenführer gebracht und ich erfuhr, dass meine Eltern inzwischen zwei neue, originellere Kinder adoptiert hatten. Das war natürlich ein Schock, doch heute verstehe ich, warum meine Eltern so handeln mussten. Erst als ich selber Vater wurde, begriff ich, wie sie gelitten hatten. Ich wollte natürlich alles anders und besser als meine Eltern machen, aber nachdem ich meine Kinder eine Woche lang beobachtet hatte, ohne dass dabei auch nur ein verwertbarer köstlicher Ausspruch herausgekommen wäre, war auch ich verzweifelt. Vor allem als sich herausstellte, dass das Internat in Herrenalb inzwischen geschlossen worden und die Umtauschfrist für die Kinder abgelaufen war.

WIE SCHAFFEN SIE DAS NUR?

Immer wieder stellen mir Journalisten und Ärzte diese Frage. Deshalb will ich kurz und anschaulich erläutern, wie es mir gelingt, jeden Tag den mir in der *Welt* zur Verfügung stehenden Kolumnenraum zu füllen. Sie ahnen es sicher schon: All diese Texte, die so unendlich verkrampft, verquast und gezwungen wirken, sind das Ergebnis monotoner, schmutziger und entfremdeter Arbeit.

Doch wie geht das genau vor sich? Es wird Sie wahrscheinlich verblüffen, aber ich verwende eigentlich immer den gleichen Text, den ich jedesmal nur geringfügig abändere. Damit die Leser der *Welt* nichts merken, benutze ich dazu ein Hilfsmittel namens Buchstaben, zu denen man beispielsweise auch das T zählt.

Diesen und andere Buchstaben schneide ich nach sorg-
fältiger Überlegung aus anderen Zeitungen aus und
mische sie wieder neu zusammen. Dazu benutze ich
verschiedene hochwertige Spezialwerkzeuge.

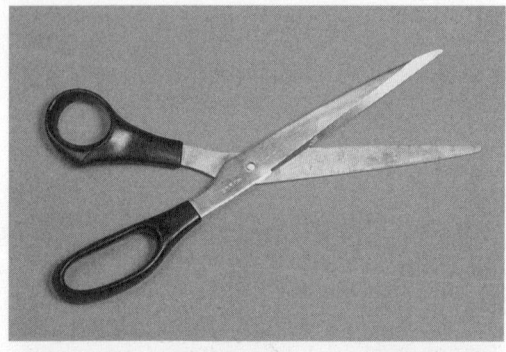

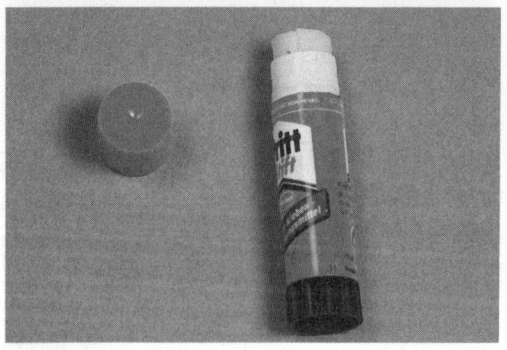

In jeder neuen Kolumne ordne ich die Buchstaben
ein ganz klein wenig anders an, mit bloßem Auge ist
das nicht zu erkennen und für den Laien schon gar
nicht. Ich benutze insgesamt nur 26 Buchstaben, die
in einem praktischen Set zusammengefasst sind, das
unter Fachleuten als Alphabet bekannt ist.

Das Buchstabenmischen gilt als äußerst heikle Tätigkeit; je nachdem, wie geschickt man sich dabei anstellt, kann ein Gebet, ein Möbel-Katalog oder ein neuer Roman von Martin Walser dabei herauskommen.

Zu Beginn meiner Tätigkeit als Kolumnist musste ich die Buchstaben noch alleine mischen.

Sobald meine Söhne groß genug waren, zwang ich sie, mir zu helfen.

Als die *Welt* mich zwang, täglich eine Kolumne zu produzieren, gelang es mir, eine Kindergartengruppe aus der Nachbarschaft in die Arbeit einzubinden.

Unter Anleitung von erfahrenem Personal konnten die Kolumnen sogar in Farbe produziert werden.

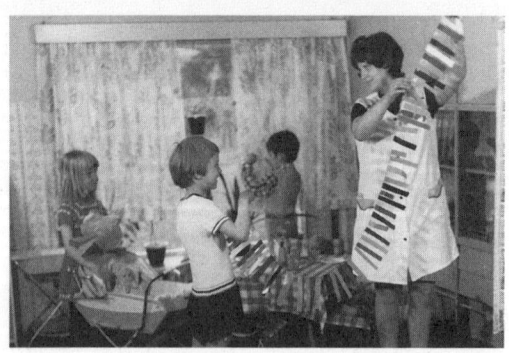

Waren die Buchstaben fertig gemischt und zu einer Kolumne zusammengeklebt, wurde diese von den Kindern zum Briefkasten gebracht und an die *Welt* geschickt.

Natürlich machte der Fortschritt auch nicht vor der Kolumnenproduktion halt. Ich stattete mein Arbeitszimmer mit einem Rohrpostnetz aus, mit dessen Hilfe ich mir meine Texte beliebig oft selbst zuschicken konnte.

Dank regelmäßig gezahlter Honorare war es mir möglich, die doch recht unzuverlässig arbeitenden Kinder endlich zu entlassen. Die Arbeit wurde nun fast ausschließlich von Maschinen erledigt.

Hier sehen wir, wie so eine Kolumne in den Anfangstagen maschinell hergestellt wurde. Links im Bild der ganze Schrott, der täglich passierte, und rechts die Maschine, die ihn in eine ansehnliche Kolumne umwandelte.

Schrott   Maschine

Im Laufe der Jahre ist im Vordertaunus ein riesiges Werk mit über Hundert Arbeitskräften entstanden. Denn es sind leider immer noch Menschen, die die Maschinen bedienen müssen.

Häufig kommt es dabei zu erregten Diskussionen über den Inhalt der Kolumne.

Mitarbeiter feilen sogar nach Feierabend an schlecht
verschraubten Relativsätzen ...

... oder debattieren über präpositionale Ergänzungen.

Wenn es um schwierige oder gefährliche Themen wie EHEC-Erreger oder Mohammed-Karikaturen geht, besteht natürlich Helmpflicht.

Seit 2004 kann ich übrigens dank modernster Maschinen einmal benutzte Buchstaben wieder aufbereiten und daraus sogar langatmige Reiseberichte, Politikerporträts oder wissenschaftliche Artikel für die *FAZ* produzieren.

Die von der *Welt* geforderten kurzen Texte erzeuge ich, indem ich einen längeren Riemen in mehrere Teile zerschneide.

Die Kunst besteht natürlich darin, den richtigen Schnitt zu setzen. Es muss gerade noch so eben interessant, aber auch noch nicht langweilig sein. Schneidet man zu früh, ist der Text vielleicht zu interessant, schneidet man zu spät, ist die Kolumne schon langweilig geworden. So etwas lernt man auf keiner Schule.

Setze ich mich mit brennenden sozialen Problemen auseinander, kann es schon passieren, dass einige Formulierungen allzu feurig ausfallen.

Für solche Fälle beschäftige ich eine hervorragend ausgerüstete Werksfeuerwehr.

Dank ihrer feuerfesten Uniformen ist für die Männer der Umgang mit Brandbriefen, flammenden Appellen, glühenden Patrioten und feurigen Spaniern kein Problem.

Doch zurück zur eigentlichen Kolumnenproduktion. Um dem Text den »letzten Schliff« zu geben, wie wir Kolumnisten das nennen, übersetzt ein Hochleistungscomputer ihn ins Portugiesische und Sekunden später wieder zurück ins Deutsche.

Das sorgt für einen ganz speziellen Verfremdungs-
effekt, und vor allem kann man nicht mehr zurück-
verfolgen, wie der Text eigentlich entstanden und wer
dafür verantwortlich ist.
Zum Abschluss lasse ich genau überprüfen, ob irgendetwas Störendes zwischen den Zeilen steht.

Dann wird die fertig bearbeitete Kolumne endlich an
die *Welt* durchtelefoniert.

Der Herausgeber und sein Chefredakteur lesen sie über Lautsprecher der gesamten Belegschaft vor.

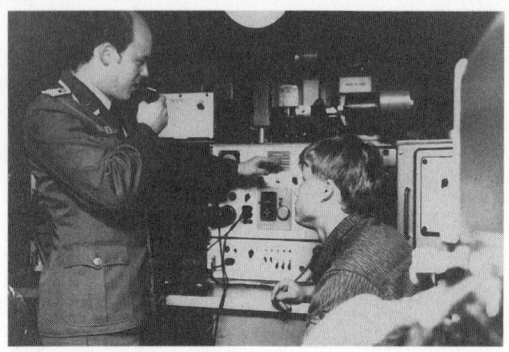

Im hochmodernen Newsroom wird der Text zunächst ungläubig aufgenommen, doch nach etwa zweistündigem Nachdenken springen die Ersten auf und applaudieren begeistert stundenlang und im Stehen.

In diesen triumphalen Minuten liege ich längst in einem künstlichen Koma und unterziehe mich einer Sauerstoffdusche.

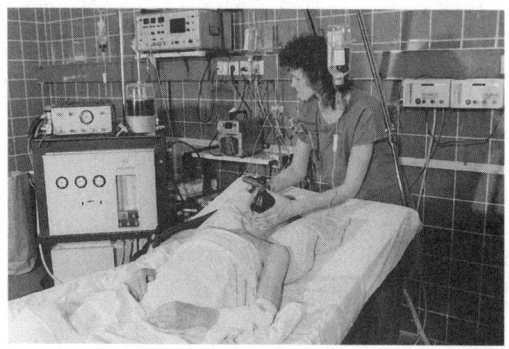

Dabei lasse ich routinemäßig meine Pronomendichte messen und einen Konjunktionseinlauf machen. Wenn Sie das nächste Mal einen Text von mir lesen und anschließend gelangweilt im Altpapier entsorgen, dann wissen Sie jetzt, wie viel Mühe er mich gekostet hat. Und glauben Sie mir, es ist niemand überraschter als ich, wenn ich morgens den Text lese, den ich am Tag zuvor produziert haben soll.

SO TÄGLICH WIE MÖGLICH

Das Schreiben einer täglichen Kolumne unterscheidet sich massiv vom Schreiben einer wöchentlichen Kolumne und ist mit einer monatlichen überhaupt nicht zu vergleichen. Um täglich zu schreiben, muss man topfit sein, ständig Mahlzeiten zu sich nehmen und über ein intaktes abstraktes Vorstellungsvermögen verfügen. Denn es ist ja nicht so, dass man am Montag die Kolumne für Montag schreibt, sondern am Montag schreibt man einen Text, der erst Dienstag in der Zeitung steht. Das hat mit allen möglichen technischen Problemen zu tun, die ich selber noch immer nicht verstanden habe. Sie müssen sich aber nur mal vor Augen führen, dass mein Text über 346 000-mal vervielfältigt werden muss, damit ihn jeder Käufer der Zeitung lesen kann. Das ist auch mit modernsten Maschinen erst nach Stunden möglich, mit unmodernen würde es sogar Wochen dauern.

Wichtig ist vor allem, dass in jeder dieser 346 000 Zeitungen dasselbe steht. Jede Ausgabe muss also 346 000-

mal Korrektur gelesen werden, eine Aufgabe, der ich mich jeden Tag aufs Neue stellen muss. Kommen wir aber noch einmal zurück zum Problem der Zeitverschiebung. Wie kann man am Montag schon wissen, was die Menschen am Dienstag bewegen wird? Das ist die große Kunst, eine Gabe, die nur wenige besitzen. Natürlich arbeite auch ich mit Hilfsmitteln. So schaue ich täglich im Kalender nach, was wohl vor einem Jahr um diese Zeit passiert ist, aber, wie heißt es so schön: Man schaut niemals zweimal in denselben Kalender. Den entscheidenden Tipp erhielt ich übrigens von einem älteren Kollegen, der mir sagte: »Schreib einfach irgendwas hin.« Daran habe ich mich gehalten und bin gut damit gefahren.

Ich lebe fast die ganze Woche in der Zukunft. Montag ist für mich Dienstag, am Dienstag hat für mich der Mittwoch angefangen, während am Mittwoch längst der Donnerstag begonnen hat. Wenn normale Menschen den Donnerstag geruhsam angehen lassen, treiben mich freitägliche Gedanken um. Dafür beginnt der Samstag, also das Wochenende, für mich schon am Freitag. Samstags ist für mich einfach nur Samstag, so wie für alle anderen auch, der einzige Tag, an dem ich mich nicht in der Zukunft aufhalten muss, den ich allerdings nun schon zum zweiten Mal erlebe. Auch das muss man erst mal aushalten. Ich selbst habe es nur bis zum April 2011 ausgehalten. Seitdem schreibe ich auch samstags eine Kolumne für die *Welt am Sonntag*.

Wenn alle anderen am Sonntag zu Ausflügen mit Picknick und Minigolf aufbrechen, hat für mich endlich der Montag begonnen. Seit zwölf Jahren habe ich keinen Sonntag mehr erlebt. Zähes Rindfleisch mit fettiger Soße, Kirche, Anne Will, das alles gibt es für mich nicht, und ich habe es keine Minute vermisst.

Wenn man ein derartig enges Verhältnis zu den Wochentagen pflegt, dann merkt man schnell, dass sie sich nicht gleichen. Man schreibt Montag anders als Dienstag. Montag schreibt man nämlich mit »M« und Dienstag mit »D«, und jeder Tag hat außerdem seine ganz eigene Atmosphäre, seine spezielle Aura, der sich der schöpferisch tätige Mensch nicht entziehen kann. Aber auch auf mich üben die Wochentage ihren besonderen Einfluss aus. Eine Montagskolumne hätte ich niemals am Donnerstag schreiben können, und eine Freitagskolumne ist keine Dienstagskolumne. Regelmäßige Leser brauchen keinen Kalender, sie wissen sofort: Zippert schreibt über Tiere, es muss Mittwoch sein. Deshalb habe ich meine Auswahl der besten Kolumnen aus zwölf Jahren nicht nach Themen, sondern nach Tagen geordnet.

MONTAG

ist der Tag, an dem wir oft von Zweifeln, Ängsten und stechenden Kopfschmerzen heimgesucht werden. In vielen Religionen gilt der Montag als Start in die Woche. Im Kalender der Mayas war der Montag immer rot angestrichen. In Deutschland und Frankreich ist Montag der Tag, an dem die Geschäfte wieder geöffnet sind. Die Friseure halten in Deutschland jedoch ihr Geschäft traditionell geschlossen, weil am Wochenende die Haare nachweislich langsamer wachsen. Auch die Museen sind in Deutschland am Montag geschlossen, weil die Menschen den Tag brauchen, um auszunüchtern und diese grässlichen Kopfschmerzen loszuwerden. Montags schreibe ich hauptsächlich über sportliche Ereignisse oder halte mich an Rekorde (Verbrauch von Kopfschmerztabletten) aller Art, weil man darüber nicht so viel nachdenken muss. Montags zu schreiben heißt, seinen Fuß in die Tür des Unabänderlichen stellen, sagt Laotse.

WELTRAUMFAHRT

Vor mehr als fünfzig Jahren begann die Geschichte der Weltraumfahrt. Zum Entsetzen der Amerikaner schossen die Russen eine Stahlkugel namens »Sputnik I« in den Weltraum. Die Piepstöne, die der Radiosatellit sendete, konnte man auf der ganzen Welt empfangen. Was kaum jemand weiß, strenggenommen war es auch der Beginn der bemannten Raumfahrt, denn in der Stahlkugel saß ein kleinwüchsiger Russe, der die Piepsgeräusche produzierte. Danach ging es Schlag auf Schlag: Am 3. November 1957 schossen die Russen mit »Laika« die erste Hündin ins All und am 12. April 1961 den ersten Rüden, der auf den schönen Namen Juri Gagarin hörte und, wie sich wenig später herausstellte, gar kein Hund war. Man hatte ihm nur einen Napf mit kleingeschnittenem Pansen und ein Schälchen Wasser mitgegeben, ein Wunder, dass Gagarin den Flug überlebte. Auch die erste Frau im Weltall war eine Russin, es war Frau Gagarin, die nachgucken wollte, mit wem sich ihr Mann möglicherweise in der Schwerelosigkeit vergnügte. Selbst der erste Spaziergang im Weltall gelang zum erneuten Ärger der Amerikaner den Russen. Die Kapsel von »Woschod II« war zu klein, und deshalb musste immer ein Kosmonaut vor der Tür warten.

AUSGESTORBEN UND BEDROHT

Jeden Tag verschwinden auf der Erde 150 Arten unwiederbringlich, viele wurden noch nicht mal entdeckt. 40 000 Arten gelten weltweit als bedroht, das wurde auf der UN-Naturschutzkonferenz in Bonn noch einmal deutlich. Viele Bürger fragen sich inzwischen, ob auch sie bedroht oder vielleicht sogar schon ausgestorben sind, ohne es bemerkt zu haben. Das Bundesumweltministerium bietet deshalb ein Merkblatt mit den wichtigsten Informationen an. Sie sind höchstwahrscheinlich bedroht, wenn sich bei Ihrem Auftauchen sofort jede Menge Fotografen um Sie versammeln. Wenn Ihr Reihenendhaus in ein Naturschutzgebiet umgewandelt wird, könnte das ebenfalls ein Indiz für Ihre Bedrohung sein. Es steht auch sehr schlecht um Sie, wenn sich in Ihrer näheren Umgebung kein passendes Männchen oder Weibchen findet und der Großteil Ihrer Verwandtschaft ausgestopft im Naturhistorischen Museum eingelagert wurde. Wer sich nicht sicher ist, sollte einen Blick auf die Lohnsteuerkarte werfen. Steht da »ev«, bedeutet das: »einigermaßen verbreitet«. Gefährlich wird es bei den Buchstaben »rk«, denn das heißt nach Angaben des Ministeriums: »riecht komisch«.

BROKKOLI-SUPERSTAR

Wir haben im Laufe der Jahre schon häufiger vom wundersamen Wirken des Brokkoli berichtet. Aber die Wissenschaft findet ständig Neues und immer Großartigeres über dieses Gemüse heraus. So soll der regelmäßige Genuss von Brokkoli das Risiko einer Magenkrebserkrankung senken, wie der Biochemiker Jed Fahey von der Johns-Hopkins-Universität in Brokko, Entschuldigung, Baltimore herausfand. Brokkoli hilft außerdem gegen Kopfschmerzen, Sodbrennen, Herzinfarkt, Wandernieren, Sulzknie, Thrombose, Höhenangst, Schweißfüße, Leseschwäche, Tinnitus, Heidi Klum, Tennisarme, Schilddrüsenüber- und -unterfunktion, Scheintod, Gefrierbrand, Gefäßverengung, Gesäßverbreiterung, Rechtsradikalismus, Hornhaut, Insolvenz, Farbenblindheit und Johann Lafer. Das sind aber erst die nachgewiesenen Eigenschaften von Brokkoli. Höchstwahrscheinlich kann er noch mehr, möglicherweise sogar alles. Der FC Bayern überlegt deshalb zurzeit ernsthaft, einen Brokkoli im Tor einzusetzen. Wissenschaftler vermuten sogar, dass Brokkoli sich, kurz gedünstet, perfekt als Beilage zu Fleisch- und Fischgerichten eignet.

BUCHMESSE

Auf der diesjährigen Buchmesse wurden mehr Autoren als Fachbesucher und Leser erwartet. Zirka 230 000 Schriftstellern, Journalisten und Fachbuchautoren standen nur etwa 70 000 Leser gegenüber. Um die wenigen noch vorhandenen echten Leser zu schützen, ließ die Buchmessenleitung am Eingang scharfe Kontrollen durchführen, um ein Einschleichen von Menschen mit unveröffentlichten Manuskripten zu verhindern. Derartiges Material wurde sofort beschlagnahmt und noch an Ort und Stelle vernichtet. Zu dramatischen Szenen kam es, als eine Leibesvisitation bei einem vornehm gekleideten Herren ein Manuskript zutage förderte. Sicherheitskräfte zwangen den Mann, die fünf DIN-A4-Blätter sofort aufzuessen. Kurz darauf stellte sich heraus, dass der Bundespräsident soeben sein Redemanuskript für das Treffen mit dem Staatsoberhaupt des Gastlandes verspeist hatte. Gleich vier Ordnungskräfte waren nötig, um ein schnauzbärtiges Breitcordsakko zu überwältigen, das angeblich seine Lebenserinnerungen zum Steidl-Verlag bringen wollte. Günter Grass musste die fünfhundert Seiten noch vor Betreten der Messe in der eigenen Pfeife rauchen.

BUTTERBERG

Vor kurzem beschloss die EU den Verkauf von 6000 Tonnen Butter, das sind die Überreste des sogenannten Butterberges. Seit 1964 kauft die EU zur Regulierung des Marktes Butterüberschüsse auf und lagert sie ein. Millionen Europäer sind im Schatten des Butterberges aufgewachsen, lange Zeit glaubte man, die EU gebe es nur, um Butterüberschüsse aufzutürmen und Milchüberschüsse wegzugießen. Doch jetzt hat man wenigstens die Butterproduktion im Griff, so dass man die gehortete Streichmasse endgültig abstoßen kann. Wer aber kauft 6000 Tonnen Butter? Was macht man damit? Sind da noch besonders seltene Jahrgänge dabei? Die legendäre halbtrockene 66er Butter, das köstliche Spätleseschmierfett von '71 oder gar die Blanc de Blancs-Jahrgangsbutter von 1981? Sollen die EU-Bürger Butterpatenschaften übernehmen, oder lässt man den Butterberg im Zuge des Klimawandels einfach schmelzen? Mit 6000 Tonnen Butter könnte man aber auch 30 Milliarden Butterbrote schmieren und damit die gesamte Weltbevölkerung für einen Tag satt bekommen. Gerüchten zufolge soll es bereits einen Interessenten geben: die Firma Siemens braucht dringend Butter zur Schmierung von Betriebsräten und Geschäftspartnern.

DICKE OSTDEUTSCHE

Nach einer Studie des Stuttgarter Instituts für rationelle Psychologie leben die dicksten Deutschen in Ostdeutschland, genauer gesagt in Thüringen. Wenn man diese Meldung liest, fragt man sich als Erstes, was das für ein merkwürdiges Institut ist, aber man fragt sich natürlich hauptsächlich, warum die Menschen im Osten eigentlich so dick sind. Sie mussten einerseits lange Zeiten der Entbehrung kompensieren und im Rekordtempo fünfzig Jahre kapitalistische Ernährung aufarbeiten. Da kann die schlanke Linie auf der Strecke bleiben. Doch die ostdeutsche Fettleibigkeit lässt sich vor allem evolutionär erklären: Der Lebensraum der Ostdeutschen ist immer noch so groß wie vor zwanzig Jahren, wird aber von viel weniger Exemplaren als damals bewohnt. Potenzielle Fressfeinde, vor allem aus dem Osten, könnten nun mit Macht in diese ökologische Nische drängen. Doch der Ostdeutsche entwickelte eine bewundernswerte Strategie, um sich vor der Bedrohung zu schützen. Er vergrößerte einfach seinen Körperumfang, ein Ostdeutscher sieht jetzt aus wie zwei. Die Zahl der Ostdeutschen hat faktisch abgenommen, ihr Kampfgewicht ist aber weitaus größer als vor zwanzig Jahren.

FIFA-EHRENKODEX

Die FIFA hat einen »Ehrenkodex« erlassen, den alle Mannschaften unterschreiben sollen. »Es ist eine Art Eid zur Einhaltung ethischer Normen«, erklärte FIFA-Präsident Joseph Blatter. So sollen sich die Spieler nach einem Foul sofort in aller Form entschuldigen, dem Gefoulten aufhelfen und stark blutende Wunden versorgen. Die Schiedsrichter sind für die Integration zuständig und müssen besonders darauf achten, dass niemand abseits steht. Wer im Ballbesitz ist, könnte daran denken, auch die anderen mal mitspielen zu lassen, dann haben alle mehr Spaß. Bestechungsgelder dürfen nur in der 1. Halbzeit entgegengenommen werden und man soll nach Möglichkeit eine Verletzungspause dazu nutzen. Drogen sind nur für den persönlichen Gebrauch mitzuführen, mehr als zwei Kilo Haschisch oder zehn Gramm Kokain verstoßen klar gegen den Ehrenkodex. Wer ausgewechselt wird, hat das Feld sofort zu verlassen, ohne sich noch von allen Mitspielern per Handschlag zu verabschieden. Streng verboten ist es, Mitgliedern der gegnerischen Mannschaft in der Halbzeitpause Lebensversicherungen, Zeitschriftenabos oder Bauherrenmodelle zu verkaufen. Vor allem darf der Blindenhund des Schiedsrichters nicht geärgert werden.

GLÜHBIRNENHAMSTERKÄUFE

Die Deutschen reagierten mit Hamsterkäufen auf das geltende Handelsverbot für 100-Watt-Glühbirnen. Der Umsatz hatte sich teilweise verdoppelt. Die Bürger akzeptieren die neuen Energiesparlampen nicht, deren Licht als kalt empfunden und mit Krise und schlechter Haut in Verbindung gebracht wird. Wer sich mit hundert 100-Watt-Birnen bevorratet hat, kann ein ganzes Leben lang seine Wohnung wie in der guten alten Zeit beleuchten. Die Glühbirne bringt das wunderbare Licht vom Wirtschaftswunder, dem Wunder von Bern und dem Wunder der Wiedervereinigung. Fast alle lebenden Deutschen wurden beim Schein oder wenigstens in Anwesenheit einer Glühbirne gezeugt, das hat sich tief ins Bewusstsein des Volkes eingeprägt. Nach dem Verlust der D-Mark will man sich nicht auch noch das Licht wegnehmen lassen. Schon die Bibel sagt: »Und Gott sah, dass das Licht gut war.« Aber er sah nicht, dass es energiesparend war. Warum bildet sich die EU ein, sie müsse die Schöpfung verbessern? Das Verbot der geliebten Beleuchtung wird viele Deutsche in den Alkoholismus treiben. Sie trinken so lange, bis der eigene Kopf zur Glühbirne geworden ist.

GREISENHEER

Nach Plänen des Bundesinnenministeriums soll das Renteneintrittsalter von Beamten, Soldaten und Richtern auf 67 heraufgesetzt werden. Doch dabei wird es nicht bleiben. Gerade im militärischen Bereich werden wir es immer stärker mit einem Greisenheer zu tun haben. Vor allem unsere Feinde werden es damit aufnehmen müssen. Ganz vorne an der Front arbeiten die Schwerhörigengeschwader, die sich nicht vom gegnerischen Kanonendonner erschüttern lassen, allerdings auch nicht auf Befehle reagieren. Diese Verbände sind naturgemäß schwer auszurechnen. Das Wort Blindflug bekommt eine ganz neue Bedeutung. Am gefährlichsten werden die Alzheimerschwadronen mit Soldaten, die nicht mehr wissen, warum und für wen sie kämpfen. Solche Einheiten sind zu Testzwecken angeblich schon weltweit im Einsatz. Jeder Panzer erhält serienmäßig einen Treppenlift. Sitzplätze im Schützengraben müssen auf Verlangen für ältere Soldaten freigemacht werden. Rollatoren mit eingebauten Maschinengewehren gehören bald zur Grundausrüstung, ebenso wie kugelsichere Gebisse, Befehle in Großdruck, cholesterinreduzierte Gulaschkanonenmunition, Herzgleichschrittmacher und natürlich Inkontinenzwindeln in Tarnfarbe.

HAMMERWERFERINNEN

Gibt es etwas Erhaberes als Frauen, die einen Hammer wegwerfen? Gibt es einen schöneren Anblick als hammerwegwerfende Frauen? Uns fällt im Moment keiner ein. Wie sie sich drehen, wie sie den Hammer schleudern, wie sie ihm sehnsuchtsvoll nachblicken, das hat Klasse. Und das Schönste: Einige der besten Hammerwegwerferinnen der Welt kommen aus Deutschland. Wenn wir also demnächst im Ausland unterwegs sind, dann wird man sagen: »Oh, Deutschland, das ist doch dieses Land, wo die Frauen den Hammer so weit werfen.« Ihr habt es erfasst, compadres, aber bei uns werfen die Frauen nicht nur den Hammer sehr weit weg, sie werfen auch den Diskus, die Kugel und vor allem den Speer viel weiter als Frauen aus anderen Ländern. Nehmen wir nur die vielgelobten Schwedinnen. Was können die denn weit wegwerfen? Bitte kommen Sie jetzt nicht mit Knäckebrot. Auch die Französinnen, denen man reichlich Anmut und Eleganz nachsagt, sie können einem vielsagende Blicke zuwerfen, aber sie können einfach nichts wegwerfen. Jedenfalls nicht besonders weit weg. Deutschland aber ist das Land der weitwegwerfenden Frauen, was man noch in jeder wegwerfenden Handbewegung, in jedem vorwurfsvollen Blick von Angela Merkel spüren kann.

LUFTMATRATZE

Herbert Grönemeyer kritisierte, dass die Deutschen ihr Land immer »runterreden« müssen und in Depression verfallen. Schlimm! Und woher kommt das? Das kommt alles von unserer unseligen Neigung, die Luftmatratze mit dem Mund aufzublasen. Der Bundesverband Deutscher Apothekerverbände hat soeben davor gewarnt: »Das schnelle Ein- und Ausatmen kann selbst bei durchtrainierten Menschen zu Schwindel führen.« Wer trotz Schwindel weiterbläst, fängt an zu hyperventilieren, »verbunden mit Herzrasen, Übelkeit und Angstzuständen«. Da haben wir's! Ist das Leben in diesem Land nicht ein einziger Angstzustand? Rast unser Herz nicht? Und wird uns nicht dauernd übel? Luftmatratze, du hast ganze Arbeit geleistet! Ein blühendes, kraftstrotzendes Gemeinwesen hast du in ein Altersheim voller sabbernder Angsthasen verwandelt. Na, Mahlzeit, Luftmatratze! Ist das der Dank, dass wir dir unseren Odem eingehaucht und dir die schönsten Urlaubsgebiete gezeigt haben? Zum Glück hat dir der Apothekerverband die Maske von deiner widerlich aufgeblasenen Visage gerissen. Jetzt kennen wir dein wahres Gesicht. Luftmatratze, du bist der Saddam Hussein der Liegehilfen! Dich werden wir von nun an bekämpfen, bis dir die Luft ausgeht!

MÄNNER SCHNELLER IM HAUSHALT

Eine seriöse Studie hat ergeben: Deutsche Männer wenden pro Woche eine halbe Stunde mehr Zeit für Haushalt und Kinder auf als noch vor zehn Jahren. Das bedeutet, sie helfen jetzt exakt 35 Minuten mit. Frauen arbeiten dagegen fünf Stunden weniger im häuslichen Bereich als noch vor zehn Jahren. Diese Zahlen geben uns zu denken. Sie geben uns sehr zu denken. Männer schaffen anscheinend in einer guten halben Stunde, wofür die Frauen fünf Stunden brauchten. Das ist eine amtliche Milchmädchen- oder wohl eher eine Milchjungenrechnung. Sind Männer unter Umständen viel effektiver in Hausarbeit und Kindererziehung, als man bisher glaubte? Vielleicht eignen sie sich gar nicht so gut für Führungspositionen im Globalplayerbereich oder an Dampfwalze und Presslufthammer? Männer wurden jahrtausendelang falsch eingesetzt. Statt die Welt zu beherrschen und Gott zu vertreten, wären sie besser beim Kühlschrankabtauen oder Buntwäschebügeln aufgehoben. Männer sind wahrscheinlich auch schneller beim Gebären. In drei Monaten ist alles erledigt und der Junge kann dann ein halbes Jahr früher im Haushalt helfen.

MONDENTFERNUNG

Forscher aus Münster, Köln und Oxford haben vor kurzem das exakte Alter des Mondes herausgefunden. Es beträgt genau 4527 Millionen Jahre. Der Mond ist vertraglich an die Erde gebunden und hat seinen Arbeitsplatz in all den Jahren nie verlassen. Der Arbeitgeberpräsident erklärte, der Mond sei damit zu einem Vorbild für jeden deutschen Arbeitnehmer geworden. Er kreise nicht ständig um sich selbst, sondern um ein größeres Gebilde, man könne die Erde ja quasi als den Vorgesetzten des Mondes bezeichnen. Hundt betonte auch die Vielseitigkeit des Trabanten. Er arbeite mal als zunehmender, mal als abnehmender oder auch als Voll- oder Halbmond. Die BfA lehnte in einer ersten Stellungnahme jeden Rentenanspruch des Mondes ab. Nachzahlungen für mindestens 4526 Millionen Jahre würden das deutsche Rentensystem in den Bankrott treiben. Es stehen ihm auch keine 500 Millionen Jahre Resturlaub zu. Ebensowenig habe der Mond einen Anspruch auf eine Pendler- oder Entfernungspauschale sowie auf einen Nachtarbeitszuschlag.

APOTHEKEN UMSCHAU-SEX

Drei Viertel aller Männer gaben in einer Umfrage der *Apotheken Umschau* an, dass sie sich eine Beziehung ohne Sex nicht vorstellen könnten. Man fragt sich unwillkürlich, was das für Männer sind, die an einer Umfrage der *Apotheken Umschau* teilnehmen. Sind das Apotheker oder Tablettenabhängige? Oder Umfragesüchtige? Mehr als die Hälfte der befragten Frauen erklärten jedenfalls, sie würden lieber mit dem Partner kuscheln, als mit ihm zu schlafen. Frauen verwechseln Männer also mit einem Plüschtier oder einer Schmusedecke. Der Mann wird vollkommen zweckentfremdet eingesetzt, kein Wunder, dass immer weniger Kinder geboren werden. Dafür gibt es immer mehr Plüschtiere und Schmusedecken. Das kommt vom vielen Kuscheln. Ungeschützter Verkehr mit einem Plüschferkel kann unerwünschte Folgen haben. Und Plüschtiere sind Sozialschmarotzer. Sie zahlen keine Krankenkassenbeiträge. Darüber steht nichts in der *Apotheken Umschau*. Man erfährt auch nicht, dass 98 Prozent aller Männer sich Sex ohne Beziehung sehr gut vorstellen können. Aber nur zehn Prozent können sich Sex mit Plüschtieren ohne Beziehung und Kuscheln vorstellen.

NABU-VOGELZÄHLUNG

Am Wochenende hatte der Naturschutzbund NABU die Deutschen dazu aufgerufen, eine Stunde lang alle Vögel in ihrer unmittelbaren Umgebung zu zählen und die Daten weiterzuleiten. Dabei kam es zu erstaunlichen Ergebnissen. Sehr oft wurde »ein kleiner schwatter Vogel« gesehen, aber auch »so'n gelber, der immer piept«. Es gab Meldungen wie »13 ganz kleine, 24 mittelgroße und drei dicke«, aber der »lange Silbervogel, der ganz viel Krach macht« erwies sich als Boeing 747 auf dem Weg von Frankfurt nach Kapstadt. Große Verwunderung erregte eine Sichtung aus Düsseldorf, wo jemand einen »Riesengrünspecht« entdeckt haben wollte. Es war dann aber doch nur ein Mann im grünen Overall, der mit einer Bohrmaschine Löcher in einen Wandschrank bohrte. Bei den drei Pinguinen, die im Großraum Bielefeld gezählt wurden, handelt es sich wahrscheinlich um Diakonissen oder Kellner. Besonders häufig wurde in Gärten und auf Balkonen ein großer flugunfähiger Vogel beobachtet, der sich von »Aas« ernährte, das er vorher »auf glühenden Holzkohlen erhitzt« hatte. Beim Naturschutzbund überprüft man zur Zeit noch, welcher mitteleuropäische Vogel eigentlich Würstchen grillt und Bier dazu trinkt.

NORDIC WALKING-LEHRPLAN

Hamburger Schulen wollen »Nordic Walking« als Unterrichtsfach anbieten. Dieses einzigartige Projekt kommt zur rechten Zeit. Zwar wissen Schüler, wie man sich Gewaltvideos aufs Handy herunterlädt und sprechende Kaffeetassen als Klingelton einrichtet, aber wie man mit zwei Stöcken sinnlos die Landschaft durchlöchert, davon haben sie keinen Schimmer, im Gegensatz zu ihren Eltern und Großeltern. Bald aber wird man mit einer Fünf in Nordic Walking nicht mehr versetzt werden können, da hilft auch kein Ausgleich in Nebenfächern wie Mathe oder Deutsch. Wir hören schon Horden von Schulklassen mit Stöcken durch die Museen, Schlösser und Burgen unseres Landes klackern. Natürlich bleiben unschöne Szenen nicht aus. Die nordischen Gehstöcke werden zu Prügeln zweckentfremdet, die Meldung »Lehrer beim Nordic Walking erstochen« wird uns kurzfristig erschüttern, kann aber den Fortschritt nicht aufhalten. Der Doppelstock hält Einzug in den Lehrplan. Leistungskurse in »Nordic Chemie« und »Nordic Latein« erfreuen sich demnächst großer Beliebtheit, in den Kopfnoten taucht »Nordic Sozialverhalten« auf, und wer wirklich weiterkommen will, macht natürlich das »Nordic Abitur«.

ORCHESTERWARNSTREIK

Verschiedene deutsche Orchester haben gestern mit Warnstreiks begonnen. Die Hamburger Philharmoniker verrichteten Dienst nach Vorschrift und weigerten sich, Sechzehntel oder schnellere Noten zu spielen. Radikale Cellisten hatten außerdem den Bassschlüssel versteckt. Die Dortmunder Philharmoniker schalteten dagegen auf Notbetrieb um. So mussten sich Konzertbesucher eine Interpretation von Beethovens Fünfter auf Triangel, Klarinette und drei Ukulelen gefallen lassen. Dabei hatte der Komponist mindestens fünf Ukulelen und ein Akkordeon vorgeschrieben. Schlimmer erwischte es die Besucher der Berliner Philharmonie. Sie bekamen Noten und Instrumente in die Hand gedrückt mit der Aufforderung, »Vivaldis Vier Jahreszeiten selber runterzufiedeln«. In München hatte man vorausschauend polnische Ersatzkräfte verpflichtet. Die äußerst preisgünstigen Jurastudenten erwiesen sich jedoch musikalisch als Flop. Das Bielefelder Philharmonische Orchester spielte »Die kleine Nachtmusik« unsauber und atonal, und die Cellisten aßen während leiser Passagen demonstrativ Knäckebrote. Hinterher stellte sich allerdings heraus, dass die Bielefelder Musiker sich gar nicht am Streik beteiligt hatten.

RISKANTES TRINKEN

Zehn Millionen Deutsche trinken »in riskanter Weise«. Das hat die Drogenbeauftragte der Regierung bekanntgegeben. Wir können das nur bestätigen. Was manche Leute so in sich reinschütten, ist mit dem Wort »riskant« sehr schwach umschrieben. Bier auf Wein, Wein auf Bier, Hauptsache volles Risiko! Erst kürzlich beobachteten wir einen guten Freund, wie er sechs (!) Gläser Pfirsichbowle trank und danach noch Sekt, Rotwein und Altbier. Das war schon nicht mehr riskant, das war Wahnsinn. Ein anderer Freund trinkt viel zu schnell. Man stellt ihm ein Glas Bier hin, und er kippt es in einem Zug hinunter. Und mit den nächsten fünf Bieren macht er es genauso. In kürzester Zeit hat er mehr Bier im Körper als Blut. Das ist bestimmt riskant. Und viele Menschen setzen sich in dem Zustand noch ins Auto. Das ist erst recht riskant, weil man beim Fahren das meiste verschüttet. Wir brauchen eine Aktion »Sicher trinken«. Wir brauchen die Helmpflicht beim Saufen. Und die Aschn, tschulligung, die Anschnallpflicht beim, äh, Dings. Jeder Fahrer soll einen Nachdurstlöscher mit ssich, na, Sie wissen schon. Und auffe Autobahn muss eine Schwankspur für alkoholisierte Fahrer eingerichtet werden.

SACHSENBRONX

Dresden hat den Titel Weltkulturerbe verloren. Die Bundesregierung stellte ihre Zahlungen bereits ein. Und auch sonst ändert sich einiges. Der Abriss der Frauenkirche ist nur noch Formsache, der Umbau des Grünen Gewölbes zu einem Parkhaus ebenfalls unumkehrbar. Die Stadt wurde über Nacht praktisch wertlos, und das alles wegen einer neuen hässlichen Brücke. Dabei hat Dresden schon mehrere Brücken, die beidseitig begehbar sind und genau von einem Ufer der Elbe zum anderen reichen. Ebensowenig wie mit dem Titel »Weltkulturerbe« darf sich die Stadt mit dem Prädikat »Elbflorenz« schmücken. Im Gespräch sind Namen wie »Sachsenbronx« oder »Elbghetto«. Der Stadtrat hat die Anweisung, alle fünfzig Meter brennende Mülltonnen in der Innenstadt aufzustellen sowie dunkelhäutige Mitbürger mit großen Kassettenrekordern durch die Straßen laufen zu lassen. Als flankierende Maßnahme sollen 500 Sozialarbeiter angesiedelt werden. Sämtliche Baudenkmäler müssen entweder gesprengt oder an Leipzig oder Chemnitz weitergegeben werden. Außerdem plant die Bundesregierung, Dresden bald zur Atommüllendlagerstätte umzubauen.

SCHAFHERZEN

Eine Forschungsgruppe der Hochschule Bremerhaven will Herzschrittmacher an wiederbelebten Schafherzen testen. Das Testorgan wird während eines normalen Schlachtvorgangs entnommen und schlägt dann weiter für die Wissenschaft, der herzlose Rest des Schafes landet auf der Fleischtheke. Doch warum testet man menschliche Herzschrittmacher ausgerechnet an Schafherzen? Wird das nicht ungeahnte Auswirkungen auf den Schrittmacherbesitzer haben? Gleicht das Herz des Deutschen tatsächlich so sehr dem eines Schafes? Sicher, wir sind Herdentiere und neigen dazu, uns zweifelhaften Leithammeln anzuschließen. Aber wird in Deutschland nicht schon genug herumgeblökt? Wäre es nicht besser, Schrittmacher an Wolfsherzen auszuprobieren? Die Wirtschaft braucht schließlich zupackende Menschen mit einem gesunden Jagdinstinkt. Wenn die Bremerhavener Forscher ihre Arbeit nicht sofort einstellen, dann sind unsere Städte bald von riesigen Rentnerherden bevölkert, die von einem Schäferhund durch die Einkaufszonen zu ihren Ställen getrieben werden. Dort werden sie einmal im Jahr geschoren und bei H&M kann man »irre Pullover aus 100 Prozent Rentnerwolle« kaufen.

DIOXIN-SKANDAL

Im Zuge des Dioxin-Skandals fordern Verbraucherschützer eine allgemeine Kennzeichnungspflicht für alle Lebensmittel. In diesem Zusammenhang wurde darauf hingewiesen, dass das »DE« auf den Eierstempeln nicht für »Dioxin-Eier«, sondern für Deutschland steht. »NL« hingegen bedeutet keineswegs »Nicht Lagern«, sondern Niederlande, und »B« heißt nicht »Belastet«, sondern Belgien. »OS« schließlich deutet auf eine Herkunft von den eierfreundlichen Osterinseln hin. Die Buchstaben »ev« tauchen auf, wenn es sich um einen evangelischen Landwirt handelt, »rk« warnt dagegen vor »reichlich kontaminiert«. Findet man den Aufdruck »DDR«, dann ist das Ei über zwanzig Jahre alt und stammt aus dem Privatbestand von Gregor Gysi. Bei Schweine-, Rinder- oder Lammfleisch soll bald wie beim Ei ein Zahlenschlüssel Auskunft über die Haltungsform geben. Rinder aus Bodenhaltung erkennt man an der »2«, bei »3« sind es Strauße aus Käfighaltung. Wichtig für den Verbraucher ist natürlich auch die Information, auf welche Art das Fleisch ums Leben gekommen ist: »B« steht für Bolzenschuss, »R« für Rinderwahn, »K« für Keulen, »U« für Unfall und »S« für Selbstmord.

TELEKOMTARIFE

Nachdem herauskam, dass die Telekom jahrelang führende Konzernmitarbeiter bespitzelt hat, zogen die Kurse des Unternehmens sofort an. Diese technisch anspruchsvolle Leistung hatte man dem normalerweise völlig unfähigen Kommunikationsspezialisten nicht zugetraut. Doch durch die gezielte Einstellung von ostdeutschen Mitarbeitern stieg auch das Überwachungs-Know-how der Telekom. Während man einfache Kunden in endlosen Warteschleifen gefangenhielt, nutzte man die Zeit, um die Konzernspitze zu überwachen. Viele Kunden verlangen inzwischen nach den aktuellen Überwachungstarifen und wollen wissen, ob es eine Stasi-Flatrate gibt. Unklar ist noch, ob man für mitgehörte Gespräche Gebühren zahlen muss oder ob der Abgehörte die Kosten mitträgt. Grundsätzlich handelt es sich um eine sogenannte Komfort-Verbindung. Der Kunde muss nicht mehr mühevoll selbst telefonieren, sondern lässt andere reden und hört ganz entspannt zu. Auf einer Pressekonferenz erklärte René Obermann, der neue »Easy-Listening-Tarif« sei schon für unter hundert Euro zu haben und jeder Neukunde erhalte als Begrüßungsgeschenk die DVD »Das Leben der Anderen«.

VATERTAG

Über 70 Prozent aller Männer vernachlässigen am Vatertag ihre Pflichten. Sie ziehen keineswegs mit Bollerwagen und Bierfass hinaus in die Natur und lassen ihren Trieben freien Lauf. Stattdessen unternehmen sie »etwas mit der Familie« oder »renovieren«. Kein Wunder, dass dieser Staat am Ende ist. Der Mann, jenes Wesen, das Gott einst mit einem Bollerwagen in der Hand geschaffen hat, weiß inzwischen gar nicht mehr, wie man sich mit einem solchen Fahrzeug bewegt. Früher war der »Fußgänger mit Handkarren« Bestandteil jeder Führerscheinprüfung. Er genoss unbedingte Vorfahrt und das Recht, sich im Kreuzungsbereich zu übergeben. Ein Mann mit Bollerwagen war vor zwanzig Jahren der Herrscher der Welt. Etwas Großartigeres war nicht vorstellbar: Bier in den Wald zerren, dort herumlärmen und Wildschweine und Schwarzspechte erschrecken! Keiner hätte gewagt, sich einem Mann mit Bollerwagen entgegenzustellen. Heute wird erst mal geprüft, ob der Wagen aus Tropenholz hergestellt wurde, und der Mann muss eine gültige ASU-Plakette haben. Der Bollerwagenstandort Deutschland ist am Ende, und der deutsche Mann geht nicht mehr raus, weil er Angst hat, dass er beim Vatertagsausflug Bollerwagenmautgebühren zahlen muss.

WAFFENEXPORTE

Laut Rüstungsexportbericht hat Deutschland 2010 zehn Prozent mehr Waffen als 2009 ins Ausland geliefert. Das ist sehr lobenswert, dann liegt das gefährliche Zeug nicht mehr bei uns rum, sondern geht woanders los. Andere Länder müssen ihre wertvollen Energien auch nicht mehr in die Entwicklung von Totmachgeräten stecken, sondern können Raps anbauen oder die Produktion von Romanen fördern, weil wir uns um die Waffen kümmern. Die Nachfrage nach Waffen wächst anscheinend jedes Jahr weiter, und das ist kein Wunder. Die Bundeswehr sammelt das Zeug ja auf diversen Friedensmissionen ständig wieder ein. Ein Teufelskreis. Gerade hat sich ein kleines aufstrebendes Terrornetzwerk mit deutschen Granaten und Panzerfäusten ausgerüstet, da hält ihm auch schon ein deutscher Oberstleutnant sein robustes Mandat unter die Nase und das ganze Zeug wird wieder einkassiert. So kurbeln die Terroristen ständig unsere Wirtschaft an, denn sie müssen sich ja wieder neue, noch bessere Waffen besorgen, die wir ihnen dann irgendwann natürlich wegnehmen. Fest steht: Egal, wohin man auf der Welt kommt, man kann überall von einer Kugel aus deutscher Produktion getroffen werden. Und das sollte uns mit Stolz erfüllen.

WERTH-PFERD

Das Pferd von Isabell Werth ist positiv auf Drogen getestet worden. Es hat wahrscheinlich regelmäßig Barbiturate genommen, und seine Besitzerin hat davor die Augen verschlossen. Woher hatte das Pferd den Stoff? Wer steckt dahinter? Werden die ganzen Drogen, die man nicht mehr in Radsportler füllen kann, jetzt etwa an die Pferde verfüttert? Was nehmen Pferde eigentlich so? Military-Reiter geben ihren Tieren wahrscheinlich Marihuana, damit die mal lockerer drauf kommen. Springreiterpferde bevorzugen LSD, denn beim Springreiten kommt es darauf an, möglichst high zu sein, sonst reißt man den Doppeloxer um. Das Pferd von Frau Werth nahm Fluphenazin, ein Stoff, der zur Behandlung von Schizophrenie eingesetzt wird. Das Pferd hatte eine gespaltene Persönlichkeit und hielt sich für Christian Wulff, konnte aber besser wiehern. Natürlich kann man sagen: Gut, dass Drogenabhängige wenigstens im Reitsport eine Chance haben. Auch sie haben ein Recht, sich zu beweisen. Ihre nächste Goldmedaille wird Isabell Werth wahrscheinlich auf dem Rücken des dreijährigen Wallachs »Junkie« holen, vielleicht reitet sie aber auch die Wunderstute »Methadon«.

DIENSTAG

ist der Tag, an dem man sich in vielen Kulturen Gedanken macht, jedenfalls wenn man gerade keinen eigenen hat. Von den Kelten weiß man, dass sie dienstags darüber nachdachten, ob sie sich eine Schrift zulegen sollten, aber weil sie nicht wussten, wie sie diese Gedanken aufschreiben sollten, blieben sie folgenlos. Wir haben zwar eine Schrift, aber oft keine Gedanken, die wir damit ausdrücken könnten. Wir sind also so etwas wie umgekehrte Kelten. Meine Aufgabe ist es daher, die Leser am Dienstag mit Gedankenrohstoffen zu versorgen. Mit Erkenntnissen, Gesetzen und Statistiken. Damit sie wissen, was Sache ist. Und weil viele Menschen dienstags unterwegs sind, um Straßen und Autobahnen zu verstopfen, beschäftige ich mich dienstags gerne mit Verkehrsproblemen.

ALTJUNG GESPANNT

Laut einer aktuellen Umfrage bezeichnen 62 Prozent der 14- bis 25-Jährigen das Verhältnis zu alten Menschen als »eher angespannt«. Es läuft inzwischen alles darauf hinaus, den Rentnern das Geld wieder abzujagen, das ihnen gewissenlose Regierungen jahrzehntelang nachgeworfen haben. Nur ein Drittel der Jugendlichen hält den Wohlstand zwischen den Generationen für gerecht verteilt. Unser Sohn sieht das ähnlich, er ist immer wieder erstaunt, warum wir mehr Geld haben als er. Wir wundern uns aber auch nicht schlecht, wieso noch Ältere als wir noch mehr Geld haben. Wie soll man auch begreifen, dass Menschen Geld fürs Nichtstun bekommen, nur weil sie alt sind. Dieses ganze System der Geldverteilung ist nicht besonders logisch und schlecht durchdacht. Warum muss man so lange warten, bis man zu Geld kommt? Mit 67 hat man doch kaum noch die Zeit, alles sinnlos zu verprassen. Wäre es nicht viel besser, jeder Bewohner Deutschlands bekäme bei seiner Geburt 5 Millionen Euro? Die kann er dann sparen, vermehren oder gnadenlos auf den Kopf hauen. Das wäre gerecht: Geld ausgeben, solange man jung ist, und im Alter wird dann malocht. So verbringen alte Menschen ihre Zeit sinnvoll und liegen dem Staat nicht auf der Tasche.

AUSLÄNDER ISOLIERT

Seit Jahren wird in Deutschland beklagt, Ausländer würden sich oft abkapseln, sie lebten isoliert in eigenen Stadtteilen, in die sich kein Deutscher mehr traute. Das ist an sich schon erschreckend, aber nach gründlichen Recherchen haben wir herausgefunden, es ist sogar noch schlimmer: Ausländer leben sogar völlig von Deutschland isoliert in eigenen Staaten und haben sich durch Grenzen von uns abgekapselt. Wenig Willen zur Integration zeigen zum Beispiel die Franzosen, die sich willkürlich ein eigenes Land mit eigenen Gesetzen geschaffen haben und sogar eine eigene Sprache sprechen, von der wir kaum ein Wort verstehen. Während wir die Frösche über die Straße tragen, essen die Franzosen sie auf, spülen mit Schnecken und niederen Meerestieren nach und laufen mit langen, waffenscheinpflichtigen Weißbroten durch die Gegend. Noch schlimmer sieht es mit den Türken aus. 80 Millionen haben sich in einem eigenen Staat abgekapselt, der noch nicht mal gemeinsame Grenzen mit Deutschland hat. Dort sprechen sie Türkisch, trinken Mekka und tragen eine Muezzin auf dem Kopf. Eine solche Lebensweise schürt die schlimmsten Vorurteile und kann zu verbalen Ausschreitungen wie dieser hier führen.

AUTOBAHNMÜLL

Wissenschaftsmagazine im Fernsehen erklären uns Nanotechnologie, entschlüsseln Gencodes, philosophieren über künstliche Intelligenz, doch wie immer bleiben die wirklich drängenden Fragen unbeantwortet. Uns würde mal interessieren: Warum werfen Autofahrer ihren Müll immer an einer Auffahrt bzw. Abfahrt aus dem Fenster? Und am allerliebsten an Kreuzen, wenn man von einer Autobahn auf die andere wechselt. Ein vollkommen unbegreifliches Phänomen. Schnurgerade läuft die Straße Hunderte von Kilometern durch die Landschaft, mit Leichtigkeit könnte man da tonnenweise Atommüll aus dem Fenster kippen, aber ausgerechnet an der kompliziertesten Stelle, in einer ganz engen Kurve, wo man sich wirklich aufs Fahren konzentrieren muss, werfen die Menschen dann plötzlich alles raus. Wollen sie möglicherweise Ballast loswerden oder Beweise vernichten? Handelt es sich hier um einen rituellen Akt, wollen sich die Insassen von allem überflüssigem irdischem Tand befreien, bevor sie sich der Autobahn anvertrauen? Glauben manche Autofahrer, wenn sie von der A1 auf die A45 wechseln, jetzt beginne endlich ein neues Leben? Ausgerechnet auf der Sauerlandlinie?

AUTOSCHIEBERBANDE

Vor einigen Tagen informierte uns das Fernsehen, der Kölner Polizei sei »ein Schlag gegen eine Autoschieberbande« gelungen. Wir freuen uns immer, wenn der Polizei ein Schlag gelingt, aber wir fragen uns, was ist eigentlich so schlimm an einer Autoschieberbande? Auch wir haben unser Auto hin und wieder geschoben, oft wurden wir dabei von drei oder vier anderen Menschen unterstützt – bildeten wir in diesem Moment etwa eine Autoschieberbande? Wahrscheinlich handelt es sich grundsätzlich um einen Fall von Wirtschaftskriminalität, man soll Autos kaufen und fahren, aber auf keinen Fall schieben. Kinderwagen dagegen werden immer geschoben, eine Kinderwagenschieberbande ist bisher noch nicht aktenkundig geworden. Dabei würden wir in der Tagesschau gerne mal ein Wort wie Kinderwagenschieberbandenunwesen hören. Das Problem in unserem Land ist: Es werden zu wenige Kinderwagen geschoben, aber zu viele Autos. Anscheinend wollen mehr Menschen ihre Rente durch das Schieben von Autos als durch das Schieben von Kinderwagen sichern. Deshalb ist es richtig, wenn die Polizei dem Autoschieben einen Riegel vorschiebt und Autoschieberbanden in Autoschieberbandenabschiebehaft nimmt.

ERNÄHRUNGSFÜHRERSCHEIN

Schulkinder sollen ab dem nächsten Schuljahr einen »Ernährungsführerschein« machen. Analog zum »Seepferdchen«-Schwimmzeugnis oder zum Fahrradführerschein können die Kinder Grundkenntnisse über Ernährung, Lebensmittel und Kochen erwerben. Da lernen sie, dass Gemüse, ähnlich wie ein Mercedes, immer Vorfahrt hat, dass Blumenkohl alle zwei Jahre zur Abgassonderuntersuchung muss und dass es ein totales Halteverbot für Fritten im gesamten Magenbereich gibt. In der theoretischen Prüfung muss man erklären, wie eine Pastinake funktioniert, ab welcher Länge eine Gurke beleuchtet sein muss, mit wie viel Kilokalorien man sich innerhalb einer geschlossenen Ortschaft bewegen darf und dass man vor dem Anbraten immer einen Blick in den Cholesterinspiegel werfen sollte. Im praktischen Teil muss man einfach essen, was auf den Tisch kommt. Wer die Prüfung bestanden hat, darf noch lange nicht alles essen und kochen. Das Kind besitzt dann eher so eine Art Mofaführerschein für die Küche. Für eine totale Essgenehmigung müssen auch noch Autobahnstunden absolviert werden, wo man lernt, wie man ein Raststättenessen überlebt, und vor allem muss das Kind wissen, wie man einen Hamburger rückwärts einparkt.

FENG-SHUI IM STRASSENVERKEHR

Feng-Shui, die alte chinesische Kunst des Möbel-rückens, hat großen Einfluss auf alle Bereiche des Lebens. Bekanntlich kann man zum Beispiel lästigen Besuch dadurch verhindern, indem man den Schreib-tisch vor die Tür schiebt. Und wer sein Waschbecken genau unter den Wasserhahn platziert, sorgt für einen guten Energiefluss und muss nicht so oft das Bade-zimmer aufwischen. Ein britischer Autoversicherer fand nun heraus, dass Feng-Shui auch im Straßen-verkehr heilsam wirken kann. Beim Tanken sollte man immer einen Spiegel neben dem Einfüllstutzen anbringen, dadurch verdoppelt sich schon rein op-tisch die Tankmenge. Wer mit geöffneten Fenstern durch die Autowaschstraße fährt, muss dagegen mit negativen Energieströmen rechnen. Stellen Sie in Ihrem Auto möglichst viele Pflanzen auf, sie sorgen für Entspannung, etwa 20 Dufttannen sind ausrei-chend. Überprüfen Sie vor Fahrtantritt, ob Ihr Wagen an jeder Ecke mit einem Rad ausgestattet ist. Die vier Räder symbolisieren die vier chinesischen Grundele-mente Gas, Öl, Kühlwasser und Bremsflüssigkeit. Ganz wichtig: Fahren Sie in geschlossenen Ortschaften nie schneller als 50 km/h, das schützt vor gefährlicher Radarstrahlung.

GURKENNORM

Die EU-Kommission streicht insgesamt 26 Vorschriften für Obst- und Gemüsesorten. Vor allem die legendäre Gurkennorm wurde zurückgenommen. Gurken dürfen wieder krumm sein oder dreieckig. Möhren, Spargel, Lauch und Schwarzwurzeln dürfen sowohl krumm als auch grün sein, wie man sie allerdings von Gurken unterscheiden soll, ist noch nicht ganz geklärt. Die EU-Kommission empfiehlt, spezielle Verkaufstermine festzusetzen. Montags ist Möhrentag, Sonntags Spargeltag und Mittwochs Gurkentag. Ebenfalls neu: Das Doppel-K in Brokkoli wurde abgeschafft und gegen ein einfaches »G« ersetzt. Das Gemüse heißt jetzt Brogoli, eine Bezeichnung, die sich in Sachsen längst eingebürgert hatte. Blumenkohl darf nur noch von ausgebildeten Floristen verkauft werden, der Handel sollte vor allem am Valentinstag größere Mengen davon bereithalten. Blaukraut bleibt dagegen Blaukraut, aber Äpfel und Birnen dürfen in Zukunft miteinander verglichen werden. Radieschen können als Erdbeeren deklariert werden, sobald sie weich genug sind. Kürbisse von mehr als 20 Kubikmeter Umfang gelten jedoch nicht mehr als Lebensmittel, sondern als Doppelhaushälfte.

HANDWERKERRECHNUNGEN

Handwerkerrechnungen sind oft problematisch. Viele Posten versteht man nicht, und das meiste kann man kaum nachvollziehen. Deshalb bieten Verbraucherzentralen einen Ratgeber unter dem Titel »Handwerker und Kundendienste« an. Darin erfährt man zum Beispiel, dass man keineswegs verpflichtet ist, einem Installateur einen dreiwöchigen Aufenthalt auf den Malediven zu bezahlen, weil er vor der Reparatur eines Rohrbruchs erst noch einen Schwimm- und Tauchkurs absolvieren musste. Luftgetrockneter Schinken darf nicht als Sonderposten »Mittagspausencatering« abgerechnet werden. Ein Reifendienst, der nach der Montage von Winterreifen mit dem Wagen des Kunden eine Testfahrt in die Dolomiten unternimmt und das als Arbeitszeit in Rechnung stellt, handelt unseriös. Schlüsseldienste dürfen keine Feiertagsgebühren oder Nachtzuschläge von 3000 Euro erheben, selbst wenn sie mit einem Stemmeisen aus Platin und einer goldenen Kreditkarte gearbeitet haben. Ein Elektriker darf nach einem Stromausfall auch keine 8000 Euro berechnen, nur weil er dank eines zwölf Kilometer langen Verlängerungskabels den Strom von zu Hause mitgebracht hat.

HASENÜBERFAHREN

Der Auto Club Europa weist uns auf folgenden wichtigen Umstand hin: Wer einem Tier auf der Straße ausweicht, anstatt es beherzt zu überfahren, kann seinen Versicherungsschutz verlieren. Die Schäden infolge eines Ausweichmanövers sind oft größer als durch eine Kollision mit dem Tier. Die Faustregel lautet: »Hase überfahren, Wildsau umkurven.« Damit werden Autofahrer vor einige äußerst schwerwiegende Entscheidungen gestellt. Gerade nachts auf herbstlichen Straßen erkennt man oft nur schwer, welches potenzielle Unfallopfer man da vor der Kühlerhaube hat. Man fragt sich: Zählt der Dachs jetzt eher zu den Wildschweinen oder zu den Kleintieren? Was ist zum Beispiel mit einem kleinwüchsigen Rentner, der urplötzlich auf der Fahrbahn auftaucht? Gilt der noch als Wildschwein oder schon als Hase? Oder ein übergewichtiger Achtjähriger, wie er heutzutage ja sehr häufig anzutreffen ist, und dessen Fluchtreflexe natürlich auch nicht besonders stark ausgeprägt sind? Kann man den wirklich noch zum Hasen rechnen oder sollte man ihn doch besser umkurven, um stärkere Beschädigungen zu vermeiden? Und was ist zu tun, wenn ein wildschweingroßes Kind einen Schulranzen mit Hasenmotiven trägt?

KORSOFAHRSCHULEN

Nach gewonnenen Fußballspielen kommt es deutschlandweit oft zu unbeholfenen Korsobildungsversuchen, die aber meistens kläglich scheitern. Der ADAC bittet deshalb alle Interessierten, so schnell wie möglich Korsofahrkurse zu besuchen, damit die Korsofahrtüchtigkeit des deutschen Volkes bald wiederhergestellt ist. Das Korsofahren gehört zu den Königsdisziplinen der Fortbewegung, denn der Wagenlenker muss vier Tätigkeiten gleichzeitig ausführen: fahren, fahnenschwenken, hupen und bölken. Beim Bölken zeigen sich häufig Textprobleme, am sichersten bölkt man: »Olé, olé, olé, olé!« Man kann auch »Doooiischant« oder »Finale, oho« bölken. Der ADAC rät davon ab, die Nationalhymne zu bölken, da der eher lyrische Text zum Bölken zu kompliziert ist. Beim Hupen sind eigentlich nur zwei Signale korsotauglich: der Dauerton, der beliebig lange eingesetzt werden kann, und das morsezeichenähnliche »Ba ba baba ba bababa ba ba!« Wichtig: Zum Korso gehören immer zwei, am besten drei. Sollten Sie in einer dünn besiedelten Gegend wohnen und trotzdem Korsofahren wollen, rufen Sie zwei Taxis und lassen Sie sie hinter sich herfahren.

KUCKUCK DES JAHRES

Der Naturschutzbund NABU hat den Kuckuck zum »Vogel des Jahres« ernannt. Eine fatale Entscheidung, denn damit wird ein völlig falsches Signal gesetzt. Firmen werden dadurch regelrecht ermuntert, Teile ihrer Produktion ins Ausland zu verlagern, denn nichts anderes macht der Kuckuck. Er lagert die Endfertigung und Wartung seiner Kinder in fremde Nester aus, angeblich, weil er selber keine Kapazitäten dafür frei hat. Die Linkspartei hat sich bereits von der Entscheidung des NABU distanziert und erklärt, der Kuckuck sei eine Marionette des Kapitals, das käme allein schon durch die drei K in seinem Namen zum Ausdruck. Er belaste die Allgemeinheit, indem er ihr die Kosten für die Kinderaufzucht aufbürde. Ein Sprecher der IHK befürchtet dagegen, Jobsuchende könnten sich durch den Kuckuck ermutigt fühlen, andere die Drecksarbeit machen zu lassen und selber auf Fernreisen zu gehen. Genau wie der Kuckuck, der bis zu 12 000 km im Jahr zurücklegt, um sich in warmen Ländern von den Strapazen des Schmarotzens zu erholen. Die Familienministerin will überprüfen lassen, wie viele Kuckucke sich in diesem Jahr unrechtmäßig Elterngeld erschlichen haben.

MANGELHAFTE AUTOS

Jedes zweite Auto auf deutschen Straßen ist mit Mängeln unterwegs, rund 17 Prozent weisen sogar erhebliche Defekte auf. Häufigster Fehler: Die Lenkung ist falsch eingestellt, die Autos ziehen nach links. Das kann man auf der Autobahn beobachten, wo es viele Fahrer einfach nicht mehr schaffen, den Wagen nach einem Überholvorgang wieder auf die rechte Spur zurückzulenken. Bei Kraftfahrzeugen der Unternehmen BMW, Mercedes und Porsche geht am helllichten Tag oft völlig unvermittelt das Fernlicht an und irritiert entgegenkommende oder vorausfahrende Fahrzeuge. Tatsächlich stellen die Fahrer selber den größten technischen Mangel dar, weil bei ihnen häufig Sicherungen durchgebrannt sind oder sie unter einer Bleifußentzündung leiden. Viele Fahrer überfordern sich, kaum jemand schafft es, gleichzeitig zu telefonieren, das Navi im Auge zu behalten, einen Pappbecher mit heißer Flüssigkeit zwischen den Schenkeln zu balancieren und dabei die Spur zu wechseln. Fast alle Autos fahren grundsätzlich schneller, als der Fahrer denken kann, als Faustformel gilt: Geschwindigkeit gleich IQ minus hundert mal vier minus Body-Mass-Index.

TOYOTA-RÜCKRUFAKTION

Eine Umfrage hat ergeben, dass immer mehr Autofahrer die Marke Toyota mit dem Begriff »Rückruf-
aktion« verbinden. Früher hatte Toyota die eingebaute
Vorfahrt, jetzt wird zurückgerufen. Das muss man
nicht unbedingt negativ bewerten. Vielleicht ist es
eher eine sentimentale Regung, der Hersteller hängt
irgendwie an seinen schönen Autos und möchte sie
deshalb von Zeit zu Zeit mal wieder anschauen. Andere Autobauer schämen sich solcher Gefühle und
verzichten auf Rückrufaktionen. Doch Toyota handelt
nicht nur emotional, manchmal fällt den Konstruk-
teuren plötzlich einfach etwas ein, was man an den
hervorragenden Autos noch besser machen könnte.
Griffe an den Türen, damit man den Wagen auch von
außen öffnen kann, transparente Windschutzschei-
ben oder ein Behälter für stilles Wischwasser. Ideen
gibt es viele und deshalb wird ein Toyota mindestens
zweimal im Monat zurückgerufen. Viele Toyotabesit-
zer schauen schon routinemäßig täglich in ihrer Werk-
statt vorbei, um zu hören, ob irgendetwas gegen ihr
Auto vorliegt. Neue Modelle wurden sogar serienmäßig mit einer Rückruftaste ausgestattet, die allerdings wegen eines Kabelschadens sofort zurückgerufen werden musste.

PARKHAUSPROBLEME

Viele deutsche Parkhäuser weisen erhebliche Mängel auf. Das ergab ein aktueller Test des ADAC. Die vorhandenen Parklücken sind oft so eng, dass man die Türen nicht öffnen kann. Der ADAC fordert deshalb einen ermäßigten Tarif für Passivparker, die ihr Auto gar nicht verlassen können. Geparkte Fahrzeuge sind sich meist selbst überlassen, es gibt keine Animation, von einem Parkhauspsychiater oder einem Parkpastor ganz zu schweigen. Die Autos wirken verschlossen und fühlen sich abgestellt. Die Kassenautomaten stehen meist in einem anderen Gebäude und nehmen nur Scheine oder nur Münzen. Je nachdem, was man gerade nicht hat. Es gibt keine Nahrungsmitteldepots und keine Wasserstellen für Autofahrer, die oft tagelang durch die unübersichtlichen Parkhäuser irren, weil sie ihr Auto nicht finden können. Die Schranke am Ausgang sorgt für Verwirrung. Von Abgasen betäubte Fahrer glauben, sie stünden vor einem Bahnübergang und warten, dass der Zug endlich vorbeifährt. Viele Benutzer bemerken unerklärliche körperliche Veränderungen und müssen bei der Ausfahrt zu ihrem Entsetzen feststellen, dass ihr linker Arm plötzlich zu kurz geworden ist.

PATIENTENBESCHWERDEN

Immer mehr Patienten in Deutschland beschweren sich wegen ärztlicher Behandlungsfehler. Über 2000 Fälle wurden aktenkundig. Häufigste Beschwerde: Nach sogenannten Operationen fehlten plötzlich wichtige Organe wie Nieren, Lungenflügel, Blinddarm oder Mandeln. Auf Nachfrage wird dann häufig erklärt, das habe alles »raus« gemusst. Der Verdacht eines illegalen schwunghaften Blinddarmhandels mit China konnte bisher aber nicht erhärtet werden. Trotzdem sind Krankenhauskunden grundsätzlich misstrauisch geworden und sehen im Arzt weniger den Heiler als den Organzwischenhändler. Manche Chirurgen sind allerdings einfach schlecht ausgebildet, kommen mit dem Innereiendurcheinander nicht klar und versuchen sich durch Organentnahme erst mal Platz und Überblick zu verschaffen. Viele Eingriffe erweisen sich zudem als überflüssig. Beispielsweise ein Belastungs-EKG der Patienten-Kreditkarte. Äußerst umstritten ist auch der medizinische Wert von künstlichen Blinddarmausgängen, Gallensteintransplantationen, indirekter Leberbeleuchtung, teflonbeschichteten Hüftgelenkpfannen und Schrittmachern, die den Empfang von Sky verbessern sollen.

ÖKOBESTATTUNG

In Schweden hat man eine umweltfreundliche Form der Bestattung entwickelt. Tote werden in flüssigem Stickstoff gefriergetrocknet und durch Vibration zu grobem Pulver verarbeitet. Ein ähnliches Verfahren wendet man auch bei Nescafé an, um die Grundlage für das beliebte Heißgetränk herzustellen. Der Effekt ist aber ein anderer: Zwei bis drei Esslöffel dieses Pulvers können sogar Tote wieder aufwecken. Grundsätzlich bieten Tote beste ökologische Rahmenbedingungen. Leichen sind ein beständig nachwachsender Rohstoff, allerdings, wenn man das mal so ausdrücken darf, ist die Herstellung einer Leiche sehr energieintensiv. Jeder Tote war vorher ein Lebender und hat in diesem Zustand CO_2 in großen Mengen ausgestoßen und fossile Brennstoffe verschwendet. Er hat die Umwelt verschmutzt und mit seinem Verhalten zur Abholzung von Regenwäldern, Überfischung von Ozeanen und zum Abschmelzen des Polareises beigetragen. Gut, wenn man ihn dann wenigstens ökologisch entsorgen kann. In einem Totenhemd aus dem Secondhand-Laden und in einem Sarg aus Jute. Am Ende bekommt dann der Grabstein den FairTrade-Stempel für einen fairen und umweltbewussten Handel mit dem Totenreich.

DEUTSCHE BAHN

Die Deutsche Bahn will den Gebrauch von Anglizismen drastisch einschränken. Schon bald sollen Deutschkurse für Zugbegleiter eingerichtet werden. So wird in Zukunft nicht mehr von »Hotline« die Rede sein, sondern vom heißen Draht, der »Counter« wird zum Schalter, das Ticket zur Eintrittskarte. Der ICE heißt Zwischenstadtschnellzug, der »Euro-City« wird als Europastadt bezeichnet und der Interregio als Zwischenherrschaft. Kunden, die mit dem Auto zum Bahnhof fahren, werden bald mit dem Schild »Bellen und Reiten« empfangen, früher stand dort »Bark & Ride«. Schluss auch mit »Call a bike«, ab sofort heißt es »Kohle fürs Fahrrad«, sprich: Bargeld lacht. Vergebens wird man nach dem Service-Team Ausschau halten und sich dann der Bedienmannschaft anvertrauen. Etwas ungewohnt klingt auch noch das Autofrisieren, das früher als »Carsharing« bekannt war. Selbst bei den Fahrzielen wird radikal zurückgedeutscht: Chemnitz heißt wieder Karl-Marx-Stadt und Bad Kissingen wird zu Schlechte Küsser. Vergessen Sie »Thank you for travelling with Deutsche Bahn«, freuen Sie sich auf: »Danke, dass Sie mit uns Deutschen Bahn fahren.«

STEINZEITAUTOFAHRER

Bei Ausgrabungen in der Nähe der A7 westlich von Göttingen haben Archäologen zwei rund 7000 Jahre alte Gräber entdeckt. In der Nähe der Grabstätten wurde auch ein jungsteinzeitliches Haus gefunden. Man nimmt an, dass es sich bei den beiden Toten um die ersten Autofahrer handelt, die vor vielen Tausend Jahren auf einer steinzeitlichen Autobahn unterwegs waren. Ob das Haus tatsächlich eine Raststätte war und ob die Autofahrer an dem dort gereichten Essen verstorben sind, müssen die Archäologen noch klären. Man hat es in diesem Falle übrigens mit einer sogenannten »Hockerbestattung« zu tun. Verstorbene Autofahrer wurden damals traditionell mit angezogenen Beinen und angezogener Handbremse beerdigt. Als Grabbeigaben fand man ein gut erhaltenes Wackelmammut und eine Steinrolle, die anscheinend mit einem gehäkelten Stück Stoff ummantelt war. Als Navigationssystem benutzte man in der Steinzeit Kraniche, die allerdings meist falsch programmiert waren. Möglicherweise sind die beiden Steinzeitmenschen in einem Stau verhungert, denn ganz in der Nähe fanden Archäologen auch das Skelett einer Ampel, die immer noch Rot zeigte.

TAXIFAHRERTEST

Ein Verkehrsclub hat in ganz Deutschland Testfahrten in 200 Taxis durchgeführt und dabei Erschreckendes herausgefunden. Am schlechtesten schnitten Frankfurter Taxifahrer ab, die oft nur rudimentäre Deutschkenntnisse hatten und sich in ihrem hessischen Idiom nur sehr schlecht verständlich machen konnten. Viele fuhren auf Kosten des Fahrgastes erst mal zu Hause vorbei, um dort »in aller Ruhe auf die Karte zu gucken«. Kam eine Unterhaltung im Taxi zustande, wurde dafür ein Aufschlag von fünf Euro verlangt, wer ausdrücklich auf ein Gespräch verzichtete, musste zehn Euro Sondertransportkosten bezahlen. Die größten Umwege wurden in Berlin gefahren. Dort waren die Fahrer im Schnitt zehn Minuten länger als nötig unterwegs, als Begründung wurde meistens »die Mauer, Männeken« angegeben. Der Test konnte allerdings nicht vollständig ausgewertet werden, da drei Tester bislang noch nicht zurückgekehrt sind. Experten sind nun endgültig überzeugt, dass Elvis Presley keineswegs tot ist, sondern seit über 30 Jahren in einem Berliner Taxi gefangengehalten wird.

TUNNELTEST

Der ADAC hat einen Tunneltest gemacht und dabei rausgefunden: Viele Tunnel sind gut, aber manche sind nicht so gut. Wie zum Beispiel der Wattkopftunnel bei Ettlingen. Da stellt sich natürlich die Frage: Wie testet man einen Tunnel? Ja, was ist überhaupt ein Tunnel? Ein Tunnel besteht aus zwei Löchern, die durch einen Gang miteinander verbunden sind. Ein Loch ist zum Reinfahren, das andere sollte zum Rausfahren sein. Wenn man nur Reinfahren kann, handelt es sich mit großer Wahrscheinlichkeit um eine Garage, und dann schneidet der Tunnel im ADAC-Test nicht gut ab. Wichtig: Wenn man reinfährt, wird's dunkel, wenn man rausfährt, wird's hell! Aber wie gut ist das Licht am Ende des Tunnels? Gibt es Hoffnung, Zuversicht, ruft es zu Eigeninitiative und Existenzgründung auf? Hier sind die metaphorischen Qualitäten eines Tunnels gefragt. Interessant aber auch: Was hat man für einen Tunnelblick? Gibt es etwas zu sehen, oder schaut man nur in die Röhre? Was kann man noch an einem Tunnel testen? Die Klangqualität der Rauchmelder? Ist der Tunnel tief genug gelegt? Wir freuen uns jedenfalls schon auf den nächsten Sommer, wenn der ADAC die Badequalität unserer Parkbuchten testet.

UNGEWOLLTE ORGANSPENDER

Das Verkehrsministerium weist uns darauf hin, dass man im Ausland oft ungewollt zum Organspender werden kann. Hat man in Albanien zum Beispiel einen tödlichen Unfall mit Todesfolge, dann wird nicht nur das Auto, sondern auch der Körper des Fahrers komplett ausgeschlachtet und weiterverwertet, es sei denn, man legt ausdrücklich Widerspruch ein. Man könnte sich also entsprechende Hinweise auf den Körper tätowieren lassen: »Finger weg« oder »Mein Körper gehört mir« oder auch »Achtung! Diese Organe sind videoüberwacht!« Es stellt sich aber die Frage, ob man das im Ausland versteht, und sich den Körper in 24 Sprachen inklusive Rätoromanisch beschriften zu lassen, geht vielleicht doch etwas zu weit. Immer häufiger beklagen aber auch untote Touristen den Verlust wichtiger Organe. So entnahm man Reisenden in Neapel bei lebendigem Leibe die Geldbörsen, in Prag wurde unlängst einem Ehepaar aus Mannheim die Brieftasche und die Kreditkarte entfernt, das Ganze immerhin bei örtlicher Betäubung. Einem bayrischen Geschäftsmann in Krakau wurde dagegen unter Verzicht auf jegliche Narkose der Mercedes S 500 amputiert, ein Organ, ohne das man praktisch nicht mehr lebensfähig ist.

HIMMELFAHRT

Die Zahl der Unfälle unter Alkoholeinfluss steigt am Vatertag um das Dreifache. Wer an diesem Tag Alkohol trinken will, dem raten Experten, »die Autoschlüssel zu Hause zu lassen«. Das ist natürlich Quatsch, dann muss man den Wagen ja kurzschließen! Und das mit besoffenem Kopf! Was da passieren kann! Warum wird am Vatertag überhaupt so viel Alkohol getrunken? Aus Kummer und Verzweiflung natürlich, weil man als Vater nie was geschenkt kriegt. Während die Mütter am Muttertag parfümmäßig und blumentechnisch groß abräumen. Viele Mütter bekommen sogar Frühstück ins Bett und selbstgemalte Bilder von den Kindern. Und Weinbrandbohnen. Der Vater kriegt nichts, er muss sich sein Fläschchen 4711 selber kaufen und sich damit den Tag schöntrinken. Und wenn er dann nicht mehr stehen kann, holt ihn keine Mutter und kein Kind ab, der Vater muss sich selbst hinters Steuer setzen. In seinem Zustand! Und was heißt hier überhaupt Vatertag, der existiert doch gar nicht. Am Vatertag wird nämlich offiziell Christi Himmelfahrt gefeiert. Das ist der Tag, an dem Jesus gen Himmel aufgefahren ist. Dem hat jedenfalls keiner gesagt, dass er die Autoschlüssel zu Hause lassen soll.

BAHNFAHREN BILLIGER

Umweltschützer wollen das Fliegen und Autofahren teurer machen, damit das Bahnfahren billiger wird. Die Frage ist natürlich: Wie sollen deutsche Urlauber mit der Bahn auf die Kanaren kommen, und kann man es einem kinderlieben älteren Herren wirklich zumuten, sieben Tage mit dem Orientexpress nach Bangkok zu fahren? Aber grundsätzlich ist die Überlegung absolut richtig. Wenn mehr Menschen mit der Bahn fahren, wenn am besten alle Menschen mit der Bahn fahren, dann werden die Straßen entlastet und die Politiker kommen schneller zu ihren Terminen. Es gibt auch keinen Ärger mehr mit überbuchten Flügen, und Terroristen könnten auch nicht mehr Passagierflugzeuge in Bomben umfunktionieren. Der Fluglärm nimmt rapide ab, dafür nimmt allerdings der Bahnlärm zu. Leider wird es wohl lange dauern, bis sie bei VW eine fünfsitzige Volkslokomotive entwickelt haben, die auch für den Durchschnittsverdiener erschwinglich ist. Wenn alle mit der Bahn von Frankfurt nach Berlin fahren würden, dann wäre der Zug etwa 450 km lang und würde tatsächlich genau vom Frankfurter Hauptbahnhof zum Berliner Hauptbahnhof reichen. Man steigt also einfach hinten ein, geht bis nach vorne durch und ist schon in Berlin.

MÄNNER STERBEN FRÜHER

Die DAK kommt in ihrem neuesten Gesundheitsreport zu dem Ergebnis: Männer sterben im Schnitt sechs Jahre früher und trinken mehr Alkohol als Frauen. Es ist natürlich nicht schön, dass so viele Männer durch Schnittverletzungen sterben, aber andererseits auch nicht verwunderlich bei der Sauferei. Der erhöhte Alkoholkonsum lässt sich ebenfalls leicht erklären, denn Männer müssen in der ihnen verbliebenen kürzeren Lebenszeit einfach mehr und schneller trinken als Frauen. Die DAK fasst zusammen: »Männer bringen lieber ihr Auto zum TÜV, als sich selbst zur Vorsorge anzumelden.« Ärzte wollen sofort auf die neuen Erkenntnisse reagieren. Männer sollen sich in den Vorsorgepraxen demnächst auf eine Hebebühne legen können und werden dann von einem ölverschmierten Facharzt abgeklopft. Der untersucht die Bremsbacken und überprüft, ob der Mann irgendwo undicht ist. Findet der Prüfer keine gravierenden Mängel, bekommt der Mann ein TÜV-Siegel auf die Stirn geklebt und hat für zwei Jahre Ruhe. In dieser Zeit kann er dann auch nicht sterben, es sei denn durch Unfall oder Materialfehler. Ein Krankenkassensprecher betonte, eine gültige TÜV-Plakette erhöhe auch den Wiederverkaufswert des Mannes.

NEUE VERKEHRSREGELN

Seit gestern gelten neue Regeln im Straßenverkehr. Wer zu dicht auffährt, muss bis zu 250 Euro Strafe zahlen. Aber woran merkt man eigentlich, dass man zu dicht aufgefahren ist? Wenn man den Tachostand im vorausfahrenden Fahrzeug deutlich sieht, aber das Nummernschild nicht mehr erkennen kann, ist man möglicherweise zu dicht aufgefahren. Und falls Sie die Blindenbinde des anderen Verkehrsteilnehmers sehen, sollten Sie sofort ganz viel Abstand einhalten. Wenn plötzlich ein wildfremder Mensch in Ihrem Auto sitzt, sind Sie mit Sicherheit zu dicht aufgefahren, taucht der Vordermann im Rückspiegel auf, hat sich das Problem erledigt. Als Faustregel gilt: Fahrzeuglänge mal Bruttojahresverdienst geteilt durch 130. Doch auch der vorausfahrende Verkehrsteilnehmer trägt eine Verantwortung. Er ist verpflichtet, »das Letzte« aus seiner Karre herauszuholen, um den Abstand wieder zu vergrößern, sonst drohen 120 Euro Bußgeld und drei Punkte in Flensburg. Wenn Sie seit Hunderten von Kilometern von dem gleichen Fahrzeug bedrängt werden und sich der Abstand auch durch Gasgeben nicht verändert, könnte es allerdings sein, dass Sie einen Wohnwagen hinter sich herziehen.

MITTWOCH

ist traditionell der Tag, an dem man zurückblickt auf die anstrengende Arbeitswoche, die so gut wie hinter einem liegt. Es beschleicht einen eine Ahnung vom kommenden Wochenende, und sensible Naturen spüren schon den stechenden Kopfschmerz, der sie erwartet. Wie unter einem geheimen Zwang schreibe ich mittwochs immer über Tiere und Familie, Lebewesen, mit denen ich diesen Planeten teile, und das nicht immer freiwillig. Für die Hindus ist der Mittwoch übrigens der Tag zwischen Dienstag und Donnerstag. Ein Tag, an dem man sich irgendwie eingesperrt fühlt. Wahrscheinlich schreibe ich deshalb mittwochs so gern über Tiere. Und Familie.

CALL-CENTER

Call-Center und Telefonmarketing-Unternehmen haben einen »Ehrenkodex« beschlossen. Sie wollen die Verbraucher nicht mehr »in unzumutbarer Weise belästigen«. Deshalb sollen keine Maschinen, die Deutsch mit sächsischem Akzent sprechen, zum Einsatz kommen. Telefonische Verkaufsgespräche nach 23 Uhr müssen durch einen Anruf angekündigt werden. An Wochenenden soll nur noch in Notfällen angerufen werden, also wenn ein Unternehmen unbedingt etwas verkaufen möchte oder wenn man jemandem mitteilen muss, dass er zum engeren Kreis von 60 Millionen Auserwählten zählt, aus denen die nächsten zwei Teilnehmer am SKL-Millionenspiel ermittelt werden. Diese neuen strengen Regelungen waren längst überfällig, denn inzwischen stammen über die Hälfte aller Telefonanrufe, die ein Privatkunde erhält, von Call-Centern, und die versuchen es mit immer neuen Tricks: »Herzlichen Glückwunsch, Sie haben einen Anruf von Ihrer Mutter gewonnen, bitte wählen Sie die 0199 und erfahren Sie alles Weitere.« Wenn man das tut, hört man: »Alle Mütter sind zur Zeit belegt. Wollen Sie mit dem Mutter-Service-Center verbunden werden, wählen Sie die 7, wählen Sie die 1, wenn Sie Ihre Mutter stöhnen hören wollen.«

EIERSTEMPELSKANDAL

Schon wieder erschüttert ein Skandal eines der schwächsten Glieder unserer Nahrungskette: das Ei. Eine ostdeutsche Firma soll Eier aus Käfighaltung als Bioeier umetikettiert haben. Die Hühner mussten die Eierstempel sogar selber fälschen, damit man keine Fingerabdrücke finden konnte. Bekanntlich soll der Verbraucher anhand des aufgestempelten Zahlencodes erkennen können, aus welcher Haltungsform das Ei stammt. Die Null steht für Bio, die Eins für Freiland-, die Zwei für Boden-, die Drei für Käfighaltung, die Vier für Eier, die unter Folterandrohung gelegt wurden, die Fünf für Eier aus Guantanamo, die Sechs für Eier aus Gammelfleisch und die Sieben für antiquarische Eier, die älter als ein Jahr sein müssen. Naturschutzorganisationen fordern schärfere Kontrollen: Hühner sollen mit elektronischen Fußfesseln ausgestattet werden, damit man weiß, ob sie sich im Käfig oder im Freiland aufgehalten haben. Um den ganzen Eierskandal angemessen aufzuarbeiten, wurde die Einrichtung eines Ovalen Tischs beschlossen.

FREIRAUMJUGENDLICHE

Aus einem »Kinder- und Jugendreport«, der soeben dem Familienministerium übergeben wurde, geht hervor, dass Kinder und Jugendliche sich »mehr Freiräume« wünschen, in denen sie »Verantwortung übernehmen« können. Das klingt zunächst ganz vernünftig, aber trotzdem drängt sich uns die Frage auf: Noch mehr Freiräume? Wir haben nämlich zufällig zwei Jugendliche im Haus, denen wir jede Menge Freiräume zur Verfügung gestellt haben, wo sie Verantwortung übernehmen können. Sie tragen zum Beispiel die Verantwortung für die Ordnung und Sauberkeit in ihren Freiräumen. Und da macht der Jugendliche plötzlich ziemlich wenig Gebrauch von der Verantwortung. Stattdessen wird der Freiraum immer kleiner, weil immer mehr Sachen herumliegen und nicht weggeräumt werden. Darin liegt doch wohl das Hauptproblem, wir schaffen einen Freiraum nach dem anderen, und der Jugendliche müllt ihn zu. Und schon heißt es: Wir brauchen mehr Freiräume. Doch das wird schwierig, die Weltfreiraumreserven nehmen kontinuierlich ab, wir könnten die Jugendlichen höchstens noch ins All schießen. Aber dann beschweren sie sich bestimmt, dass die Freiräume da draußen überhaupt keine Atmosphäre hätten.

GEBURTENRÜCKGANG

Wenn die Zahlen nicht trügen, könnte der Geburtenrückgang in diesem Jahr gebremst werden. Politiker führen das auf die Einführung des Elterngelds zurück, und wenn das so wäre, hätten Hunderttausende Frauen und Männer für Geld miteinander geschlafen. Wir hätten es mit staatlich geförderter Prostitution in großem Stil zu tun. Noch schlimmer: Hunderttausende haben umsonst miteinander geschlafen und sind dementsprechend frustriert. Denn das Elterngeld ist eine Erfolgsprämie. Man erhält es nicht, wenn man einen Orgasmus nachweisen kann, sondern nur, wenn man ein Kind produziert hat. Viele der Nachwuchserzeuger werden aber überrascht sein, welche Nebenwirkungen so ein Kind haben kann. Das geht von der Teilnahme an Elternabenden der Waldorfschule über Benjamin Blümchen-CDs bis zum Kampf um Tätowierungen und Piercings. Kinder, die anfangs ganz reizend und unschuldig aussehen, wollen später Makler oder FDP-Mitglied werden oder fangen plötzlich an, Akkordeon zu spielen. Paare sollten bedenken, dass sie in so einem Fall das Kind nicht umtauschen können. Selbst wenn man das Elterngeld zurückzahlt, übernimmt das Familienministerium keinerlei Reparaturkosten.

HEIMWERKERGORILLAS

Kürzlich wurde zum ersten Mal beobachtet, dass Gorillas in der Lage sind, Werkzeuge zu gebrauchen. Ein Affe lotete mit einem Stock die Tiefe eines Sees aus, ein anderer stützte sich beim Kräutersammeln darauf. Zoologen sind begeistert, denn sie begreifen natürlich nicht die Tragweite dieser Entdeckung. Bisher haben wir Gorillas immer für ziemlich intelligent gehalten, aber jetzt müssen wir annehmen, dass sie vom Heimwerkerwahn befallen sind. Lange werden sie sich nicht mehr mit Stöcken zufriedengeben. Es wird gehobelt, gefräst, gebohrt, verfugt, verputzt und verklinkert. Vorbei ist es mit der Ruhe in Bergland, Steppe und Regenwald. Schon bald werden sich rund um ein Affenrudel Heimwerker- und Baumärkte ansiedeln. »Obi« lockt mit »affenstarken Angeboten« und »Praktiker« hat »Prima-Primaten-Preise«, während bei Hornbach die »Evolutions-Wochen« begonnen haben. Gorillas werden ihre Schlafnester mit Silikon abdichten, sie werden Bäume nicht mehr ausreißen, sondern mit Kettensägen bearbeiten. Und sie werden natürlich nicht mehr versuchen, anderen zu imponieren, indem sie sich auf die Brust trommeln, sondern sie schalten einfach ihren Laubsauger an.

MILCHLAMM

Dieses Osterfest hat uns in tiefe innere Konflikte gestürzt. Schuld daran war das Lamm. Nicht das Lamm Gottes, sondern das Lamm von Demeter, ein Tier aus biologisch-dynamischem Anbau, aus artgerechter Bodenhaltung. Für die Kinder sollte es eigentlich nur »Fleisch« geben, aber irgendwann rutschte das verhängnisvolle Wort »Milchlamm« doch heraus, und da verweigerte die Tochter die Nahrungsaufnahme. Unser Argument, wir hätten die Tötung des Tieres ja nicht in Auftrag gegeben, wurde übergangen. Die Mutter rechtfertigte sich, sie habe doch nur etwas richtig Leckeres auf den Tisch bringen wollen, deshalb sei das Lamm ja »aus Biofleisch«. »Umso schlimmer«, ereiferte sich die Tochter. Das Lamm habe es also besonders gut gehabt, und darum sei es für das Tier auch besonders schlimm gewesen, der Mutter entrissen und umgebracht zu werden. »Überlegt euch mal, wie ihr das finden würdet!« Und das haben wir dann auch. Wir werden ab sofort nie mehr Biofleisch kaufen. Tiere aus Ökobetrieben zu essen ist ein roher Akt der Grausamkeit. Wir essen nur noch Fleisch von Tieren aus besonders schrecklicher Intensivhaltung. Für diese Tiere ist die Flucht auf unseren Teller die einzige Möglichkeit, ihrer ausweglosen Lage zu entfliehen. Außerdem sind sie viel billiger.

LEUCHTENDE SCHWEINE

Es gibt durchaus noch positive Meldungen. So erfahren wir gerade, dass taiwanesische Forscher drei Schweine gezüchtet haben, die im Dunkeln grün leuchten. Lange hat die Menschheit auf diesen Moment warten müssen. Wie wäre der Steinzeitmensch froh gewesen, wenn ihm im Höhlendunkel ein grün leuchtendes Schwein den Weg gewiesen hätte. Mangels leuchtender Schweine ist auch der moderne Mensch gezwungen, teure Elektrizität von skrupellosen Stromversorgern zu beziehen, aber damit ist jetzt Schluss. Das Ende aller Energieprobleme scheint nahe. Über Restlaufzeiten und Castortransporte machen wir uns keine Sorgen mehr. Sollen doch die Mullahs ihr Erdöl selber trinken, wir setzen auf Schweineenergie. Demnächst beleuchten wir unser Wohnzimmer mit einem Schwein. Unter der Decke baumelt keine IKEA-Lampe, sondern ein 60-Watt-Hängebauchschwein. Auch unsere Texte schreiben wir nur noch beim trauten Schein des Schweines. Und das Beste: Erst beleuchten wir unsere Wohnung damit, und dann essen wir den Leuchtkörper auf. Lampen aus nachwachsenden Rohstoffen! Mattleuchtende Ferkel für das Kinderzimmer, Halogen-Eber für die Küche, und die gedimmte Sau lassen wir dann im Schlafzimmer raus.

MEHR KAISERSCHNITTE

Die Geburt per Kaiserschnitt wird in Deutschland immer beliebter. 33 Prozent aller Entbindungen wurden 2010 durch den chirurgischen Eingriff ermöglicht. Dabei fand man in den meisten Fällen auch tatsächlich ein Kind, einmal stießen die Ärzte auf ein Überraschungsei, einmal wurde ein Schraubenzieher und einmal ein Zettel entdeckt mit der Aufschrift »Bin gleich zurück«. Wir sind uns nicht ganz sicher, ob die Tendenz zum Kaiserschnitt darauf hindeutet, dass die Intelligenz unserer Ungeborenen nachlässt und sie deshalb den Weg nach draußen von selber nicht mehr finden können? Doch auch vom pädagogischen Standpunkt aus könnte es bedenklich sein, dem Kind schon vor der Geburt alles abzunehmen. Wie soll es erst später weitergehen? Muss die Mutter das Kind dann nicht dauernd überall rausholen? Aus dem Internet, aus der Spielhölle, aus der Disco, aus der Schule, aus der Untersuchungshaft? Statistisch gesehen verlieren andere Geburtsmethoden ständig an Bedeutung. Nur in einem Prozent aller Fälle gab es eine Zangengeburt. Verständlich, wer möchte auch von der Hebamme ein Bündel in die Hand gedrückt bekommen mit den Worten: »Glückwunsch, es ist eine Zange.«

MORGEN IST MUTTERTAG

Demnächst ist bestimmt mal wieder Muttertag. Viele Kinder verschenken dann eine Grußkarte, auf der steht: »Für die beste Mutter der Welt.« Da fragt man sich natürlich, woher wissen die das? Haben die in ihrem Leben verschiedene Mütter ausprobiert? Gibt es einen aktuellen Muttervergleich bei Stiftung Warentest, wo Belastbarkeit, Fassungsvermögen und Verarbeitung getestet wurden? Daraus wurde ein Mutter-Ranking erstellt, aus dem man entsetzt erfährt, dass die eigene Mutter nur im Mittelfeld rangiert. Was schreibt man der dann? »Für die mittelmäßigste Mutter der Welt«? Mütter kommen in den unglaublichsten Formen vor: Madonna, Pamela Anderson, Verona Pooth und Ursula von der Leyen sind zum Beispiel welche. Frau von der Leyen hat sieben Kinder, sie bekommt dann sieben Flaschen 4711 und siebenmal die Bestätigung, sie sei die beste Mutter der Welt. Was sollen die von-der-Leyen-Kinder sonst schreiben, sie haben ja keine andere. Da liegt auch wirklich das Problem: Eine Mutter kann ihren Nachwuchs jederzeit zur Adoption freigeben, aber seine Mutter muss man behalten. Egal, wie schlecht sie kocht, näht oder backt, sie ist vom Umtausch ausgeschlossen, und die Kindheit darf man auch nicht wiederholen.

OPEL-MAMMUT

Einem amerikanisch-russischen Forscherteam ist es erstmals gelungen, große Teile des Erbguts des Mammuts zu entschlüsseln. Bis auf 0,6 Prozent soll es identisch mit dem Genom des Elefanten sein. Aufgrund dieser Informationen will man das Mammut demnächst nachbauen und zwar bei Opel. Der deutsche Autobauer scheint wie kaum ein anderer dazu geeignet, ein urzeitliches Tier wie das Mammut in Serie zu produzieren. Allein der Standort Rüsselsheim prädestiniert Opel für dieses ehrgeizige Vorhaben. Ein Firmensprecher erklärte, das Mammut stehe symbolisch für zwei Grundbestandteile erfolgreicher Firmenpolitik, in dem Wort seien Mammon und Mut miteinander verbunden. Mut habe man selber genug, Mammon soll das Land Hessen einbringen. Nach offiziellen Berechnungen könnte schon 2012 das erste Mammut in Rüsselsheim vom Band laufen, natürlich mit Hybridantrieb. Das Mammut läuft sowohl mit Wasser als auch mit Gras, eine Füllung reicht bis zu 300 km. Die CO_2-Werte lassen noch zu wünschen übrig, dafür braucht ein Mammut keine Schneeketten oder Winterreifen und wird serienmäßig mit Seitenaufprallschutz und Stoßzahndämpfer geliefert.

QUECKSILBER IM KIND

Die Königlich Schwedische Akademie der Wissenschaften hat kürzlich auf die Gefahren von Quecksilber hingewiesen. In dieser Akademie arbeiten übrigens nicht irgendwelche Quecksilberquacksalber, sondern »führende Quecksilberforscher«. Vor allem Kinder sollen nicht zu häufig Fische essen, da diese mit dem Schwermetall belastet sein könnten. Der Genuss von Fischstäbchen gilt dagegen allgemein als ungefährlich, weil sie nur einen kaum nachweisbaren Fischanteil enthalten und deshalb quecksilberfrei sind. Da man einem Fisch seine Quecksilberbelastung nicht ansieht, wird es sich nicht vermeiden lassen, dass ein Kind zu viel Quecksilber enthält, wenn es von gesundheitsfanatischen Eltern zum Verzehr von frischem Fisch gezwungen wird. Dann sollte man das Beste aus der Situation machen. Bringen Sie an der Außenseite Ihres Kindes eine gut sichtbare Skala an und nutzen Sie Ihr Kind als Thermometer. Es kann durch seinen hohen Quecksilberanteil die Temperatur des Badewassers exakt anzeigen. Stellen Sie das Kind nachts gut sichtbar im Außenbereich auf und Sie erkennen sofort, wann Frost droht und wann Sie kälteempfindliche Pflanzen reinholen müssen.

RENTNERERNÄHRUNG

Wir müssen zugeben, dass wir unsere Kinder in letzter Zeit misstrauisch beobachten. Man kann sie halbwegs gut im Auge behalten, es sind nur zwei, also genau 0,1 Kinder zu wenig, um den Fortbestand unseres Volkes zu sichern. Besonders der Anblick des Achtzehnjährigen macht uns zu schaffen. Ein dünner, blasser Mensch, sobald er ein Sofa sieht, wirft er sich drauf, in jeden Sessel lässt er sich fallen, von Betten ganz zu schweigen, er scheint der Erdanziehung nicht besonders viel Widerstand entgegensetzen zu können. Selbst sein Gürtel vermag die Hose nur mit letzter Kraft über der Hüfte zu halten. Wir sehen uns dieses Drama täglich an und denken dabei: Wie soll der denn jemals sechs Rentner ernähren? Wir selber müssen ja bloß einen halben schaffen, das ist auch schon anstrengend genug. Aber in zwanzig Jahren muss unser Sohn mindestens sechs, wenn nicht acht Rentner durchschleppen. Uns tun nur die anderen sieben leid, wir selber haben natürlich vorgesorgt. Im Keller lagern genügend Konserven und Geduldsspiele für zehn Jahre, und vor allem haben wir einen Rentnerernährungsvertrag mit unseren drei Patenkindern in Burkina Faso abgeschlossen.

SILVESTER-TIERSCHUTZ

Der Deutsche Tierschutzbund hat darum gebeten, an Silvester Rücksicht auf Tiere zu nehmen: »Uferregionen, Tierheime, Ställe und Weiden sollten generell knallerfreie Zonen sein.« Eigentlich dachten wir, gerade die Bewohner des Tierheims mit ein paar tüchtigen Kanonenschlägen aufzuheitern und die dort eingelieferten Kampfhunde durch gezielte Heuler und Wunderkerzen friedlich zu stimmen. Auch den Tieren in den Uferregionen wollten wir mit ein paar Knallfröschen Abwechslung verschaffen, doch darüber denken wir jetzt natürlich anders. Der Tierschutzbund erklärt, Hunde und Katzen hätten ein viel empfindlicheres Gehör als Menschen. Deshalb wird auch darum gebeten, die Tiere nicht den Silvestersendungen von ARD und ZDF auszusetzen. Ein Trompetensolo von Stefan Mross oder ein Interview mit Jeanette Biedermann können die Lebenserwartung eines Riesenschnauzers um drei Jahre verkürzen. Vögel, Kleintiere und ältere Menschen sollten weit vom Fenster entfernt stehen und abgedeckt werden. Es wird davon abgeraten, Hamster, Meerschweinchen oder Rennmäuse an Raketen zu binden und in die Luft zu schießen. Die Tiere könnten die Flugbahn der Feuerwerkskörper verändern, und außerdem liefern sie keine guten Lichteffekte.

UHU UNGEFÄHRDET

Aus dem aktuellen Bericht der Regierung zur Lage der Natur in Deutschland geht hervor, dass der Uhu nicht mehr zu den gefährdeten Arten gehört und damit erstmals aus der Roten Liste gestrichen werden konnte. Das klingt erfreulich, doch was bedeutet diese Information? Es gibt im Moment genug Uhus, aber bald wird es mehr als genug Uhus geben, es ist schon in wenigen Jahren mit einer wahren Uhuplage zu rechnen. Die wird scheinbar harmlos beginnen. Erste Uhus werden in Vorgärten gesichtet, wo man sie zunächst noch als romantisches Accessoire empfindet. Doch der Uhu gibt sich natürlich nicht mit Mäusen und Ratten zufrieden. Zwergkaninchen, Katzen und Hunde bis Dalmatinergröße bereichern schon bald seinen Speiseplan. Mit den Jahren werden sich aufgrund der guten Ernährungslage immer kräftigere Exemplare herausbilden. In den Horsten findet man Überreste von kleinwüchsigen Zeitungsausträgern, Zweitklässlern sowie Rentnern, von denen nur noch die Rollatoren übrig geblieben sind. Der Uhu wird schließlich zur Jagd freigegeben und am Ende liegen in den Supermärkten Suppenuhus, Bratuhus und Uhueier aus Freilandhaltung.

URALTE SCHILDKRÖTE

Im Zoo von Brisbane feierte kürzlich eine Schildkröte ihren 175. Geburtstag. Irgendwie ist es beunruhigend, dass ein Lebewesen derartig alt werden kann. Die Schildkröte hat Louis Philipp, Abraham Lincoln, Bismarck, Stalin, Adolf Hitler und Leni Riefenstahl überlebt. Wenn man so ein Tier mit einem Video-Beamer kreuzen könnte, hätten Guido Knopp und der ZDF-History-Channel ausgesorgt. Die Riesenschildkröte hat die Beatles überlebt und Velvet Underground, Nirvana und ABBA. Nur die Rolling Stones sind noch älter, vor allem Keith Richards, der in direkter Linie von einer Galapagos-Schildkröte abstammt. Wenn Deutschland von Riesenschildkröten bewohnt würde, dann wären die Rentenkassen schon lange am Ende. Arbeiten bis 67 und dann gemütlich 110 Jahre auf Kosten der nachkriechenden Generation leben. Wobei die Arbeit naturgemäß ziemlich langsam erledigt würde. Disziplinarische Maßnahmen wären aber sinnlos. Wenn man einer Schildkröte kündigt, kann es Jahrzehnte dauern, bis sie ihren Arbeitsplatz verlassen hat. Man hat Tiere beobachtet, die sich wochenlang nicht bewegt haben. Etwa im mittleren Postdienst oder auf dem Bauamt.

WESPENFORSCHERPLAGE

Im Spätsommer lässt sich ein seltsames biologisches Phänomen im Fernsehen beobachten. Es handelt sich um das gehäufte Auftreten von Wespenforschern. Eigentlich galt diese Art als fast ausgestorben, aber das massenhafte Erscheinen von Wespen im August scheint auch zu einer Vermehrung der Wespenforscher geführt zu haben. Über ihre Lebensweise ist wenig bekannt. Meist trifft man sie in Fernsehstudios an, wo sie sich eifrig über ihr Lieblingsthema hermachen. Wespenforscher leben nicht in Kolonien und bauen auch keine Nester aus Speichel- und Holzresten. Wenn man mit ihnen am Frühstückstisch sitzt, kann es aber passieren, dass ruckzuck der leckere luftgetrocknete Schinken verputzt ist, und über ein Brot mit frischer Johannisbeermarmelade machen sich die Burschen genauso gerne her. Noch zögert das Gesundheitsministerium von einer Wespenforscherplage zu sprechen, aber am Mittwoch wurden gegen 12:30 Uhr zeitgleich auf ARD und ZDF zwei Exemplare gesichtet. Wenn man die Forscher nicht reizt, sind sie harmlos, wegwedeln hilft wenig, mit der Zeitung nach ihnen zu schlagen ist ebenfalls sinnlos. Am Besten man wartet bis Oktober, dann stirbt ihre Königin und sie verschwinden von selbst.

DEUTSCHE EIER

Der Deutsche Bauernverband hat an die deutschen Verbraucher appelliert, nur noch in Deutschland produzierte Hühnereier zu kaufen, denn nur dann sei eine artgerechte Haltung wirklich garantiert. Ab Januar dürfen deutsche Hühner nämlich nicht mehr in engen Käfigen gehalten werden. Ihnen steht ein Zweizimmerstall mit Küche, Bad und vorgeheizter Stange zu. Außerdem bezahlte Weiterbildung und Mutterschaftsurlaub drei Wochen vor der Eiablage. Im Moment kommt allerdings noch jedes zweite in Deutschland verzehrte Ei aus dem Ausland, was ja nie gut ist. Besonders gefährlich: Billigeier aus China, die meistens viel Blei enthalten und von Kindern gelegt wurden. Holländische Eier stammen aus Treibhauskulturen und wachsen an Eierbäumen außerhalb eines Huhnes heran. Italienische Eier werden oft im Flug aus sogenannten Singhühnern herausgeschossen, eine besonders brutale Methode. Eier aus arabischen Ländern können sogar verschleiert sein und müssen im Kühlschrank in Richtung Mekka gelagert werden. Russische Eier stammen zum überwiegenden Teil von angetrunkenen Legehennen, erkennbar am Zittern im Eierbecher und am Doppeldotter.

DONNERSTAG

ist kein Tag wie jeder andere. Die Franzosen nennen ihn *jeudi*, weil sie das Wort *Donnerstag* nicht aussprechen können, bei den Engländern heißt es *Thursday*, urspr. »thirst-day«, also der Tag, an dem man schon den Durst verspürt, den man erst ab Freitag löschen kann. Am 2. Donnerstag vor Ostern ist Jesus gen Himmel aufgefahren. Im Gedenken daran wechselt bei uns traditionell das Filmprogramm. Und im Gedenken daran widmet sich meine Donnerstagskolumne dem Thema Fernsehen, das von vielen als Heimkino bezeichnet wird. Was eigentlich falsch ist, denn damit bezeichnet man im Allgemeinen eine Filmvorführung in einer Anstalt für Schwererziehbare.

AUSLÄNDER UNTERTITELN

Um die Integration von Ausländern zu beschleunigen, verlangen die verschiedensten Parteien und Institutionen nach einem Sprachtest. Wer hier leben und arbeiten will, soll zunächst einmal zeigen, dass er Deutsch kann. Ein etwas problematisches Unterfangen in einem Land, in dem über 80 Prozent der Einheimischen nicht wissen, welche Stufe der Rechtschreibreform gerade gültig ist und ob man Integration überhaupt so groß schreiben sollte. Deshalb hier mal ein wirklich durchdachter Vorschlag zur Güte: Wie wäre es, wenn man alle Ausländer synchronisieren würde? Bei Filmen funktioniert das doch auch problemlos. Millionen Menschen lieben ausländische Filme wie »Ice Age« oder »Titanic«, weil sie hervorragend lippensynchron synchronisiert wurden. Das müsste man bei Ausländern genauso machen. Wenn man sie dazu noch mit einer emotional berührenden Musik unterlegt, steht der Integration doch nichts mehr im Wege. Ausländer werden bei Deutschen total beliebt werden, vor allem die mit Dolby Surround-Sound. Natürlich muss man darauf achten, dass die jeweilige nationale Identität nicht zu kurz kommt. Ausländische Intellektuelle und Künstler werden deshalb nur Deutsch untertitelt.

BAMBUSDEUTSCHER

Der Große Bambus- oder Pandabär ist vom Aussterben bedroht, weil er sich nicht fortpflanzen will. Forscher wollen nun mittels GPS- und Kameraüberwachung alles über »das geheimnisvolle Sexleben« der Tiere herausfinden. Die Lustlosigkeit der Pandas erwies sich sogar resistent gegenüber Pornos und Viagra. Sie wollen einfach nicht, genau wie der Deutsche. Auch er pflanzt sich seit Jahren kaum noch fort. Pornos und Viagra stehen ihm in ausreichender Menge zur Verfügung, paarungsfähige Weibchen ebenfalls. Forscher vom Containersender RTL II beobachten ihn schon länger mit Kameras in der Sendung »Big Panda Brother«, haben aber noch nichts Entscheidendes herausfinden können. Pandakritiker vermuten, dass der Bambusbär die Fortpflanzung eingestellt hat, um seine Spitzenposition auf der Roten Liste nicht zu gefährden, die ihm viele Vorteile bringt: kostenlos Viagra und Pornos beispielsweise. Internationale Genforscher arbeiten angeblich an einem Geheimprojekt: ein deutscher Pandabär oder ein Bambusdeutscher! Dieses Wesen hat praktisch kein Triebleben mehr und kann sich deshalb 20 Stunden am Tag den monotonsten Tätigkeiten widmen, wie dem Anschauen des MDR-Programms.

BOTOX

Ab sofort ist in Deutschland die Benutzung von Botox offiziell erlaubt. Dieses Mittel wird unter die Haut gespritzt und glättet Falten, wobei es eine gewisse Gesichtsstarre hervorrufen kann. Schauspieler in Serien wie »Lindenstraße«, »Forsthaus Falkenau« oder »Marienhof« werden vor jedem Drehtag mit Botox behandelt, damit sich der eine Gesichtsausdruck, über den sie verfügen, nicht verstellt. Welche Auswirkungen wird die Botoxfreigabe auf unsere Gesellschaft haben? Kann man durch Beigabe von Botox in den letzten Waschgang bügelfreie, also faltenlose Hemden erzeugen? Das wäre wirklich ein echter Quantensprung für die Menschheit. Wird die CDU das Mittel tonnenweise einkaufen, um die Mundwinkel von Angela Merkel zu heben? Möglicherweise lässt es sich sogar in der Altbausanierung einsetzen, um rissige Fassaden auszubessern. Zum Glück für die Hersteller hält die Wirkung nur sechs Monate an, danach muss neu gespritzt werden. Eine echte Wachstumsbranche. Mobile Botoxberater durchstreifen ganz Deutschland und glätten faltige Gesichter im Akkord. Die Kirche warnt bereits vor einem Einsatz von Botox im sakralen Bereich. Das gefährdet nämlich die heilige Dreifaltigkeit.

E-BOOK

Das E-Book erweist sich auf der Buchmesse als absoluter Publikumsmagnet. Leser äußerten sich begeistert über die vielfältigen Einsatzmöglichkeiten des Gerätes. Man kann problemlos eine Tasse Tee und einen Teller mit Dinkelkeksen darauf abstellen, wahlweise auch einen Doppelwhopper mit einer kleinen Portion Pommes. Die Hersteller versichern, das E-Book vereinige alle Eigenschaften eines guten Tabletts, sei aber viel teurer, weil digital. Ein Abfallprodukt dieser Tablettentwicklung ist die Möglichkeit, die Abstellfläche individuell zu gestalten. Man kann sich Texte aus dem Internet herunterladen und beim Essen lesen. Das geht aber nur, wenn man die Tasse Tee und die Kekse vom E-Book entfernt. Doch wo soll man sie dann hinstellen? Empfohlen wird deshalb die Anschaffung eines zweiten E-Books, eins zum Lesen und eins als Tablett. Mit zwei E-Books erspart man sich außerdem die mühevolle Lektüre von unhandlichen Wälzern wie »Der Turm« oder »Krieg und Frieden«. Man lädt den Text einfach von einem E-Book auf das andere – schon gilt das Buch als gelesen und man kann sich wieder den leckeren Keksen zuwenden.

FAST FOOD-ERSATZ

Die Aktion »Lebendiges Deutsch« sucht ein treffendes deutsches Wort für »Fast Food«. Das ist leichter gesagt als gefunden, denn Fast Food ist ja schon zur Hälfte deutsch. Man bezeichnet damit eine Substanz, die man fast essen kann, denkbar wäre also auch die Variante »Almost essbar«, was aber nicht so eingängig ist wie »Fast Food«. Inhaltlich richtig, aber ebenso ungeeignet wäre eine Formulierung wie »Not Quite Mahlzeit« oder das eindeutig zu Deutsche »Beinahe Was Zu Essen«. Viel besser sind diese Varianten: »Speisenattrappe« oder auch »Mahlzeitdummy«. »Dummymahlzeit« käme der Sache auch recht nahe, könnte aber mit einem Essen für Auffahrunfalltestfahrtpuppen verwechselt werden. Wer täglich mehrfach gegen die Wand fährt, braucht eine spezielle Ernährung vor allem mit jeder Menge Ballaststoffen. Gut gefällt uns auch »Speisendouble«. Das ist ebenfalls zweisprachig und bezeichnet genau wie »Fast Food« etwas, das Nahrung vortäuscht. Wenn es aber ein wenig klangvoller sein soll, dann raten wir zu »Spachtelmassenmimikry« oder zu der hochgradig lyrischen Bezeichnung »Kaumasse mit fremden Stoffen«. Müsste aber politisch korrekt »Kaumasse mit Migrationshintergrund« heißen.

FERNSEHEN VERKÜRZT
IHRE LEBENSERWARTUNG

In London wurde kürzlich eine Frau entdeckt, die drei Jahre tot vor ihrem Fernseher gelegen hatte. Das Gerät lief noch, und das beweist, dass der Mensch dem Programm nicht gewachsen ist. Die Polizei äußerte die Vermutung, die Frau sei eines natürlichen Todes gestorben. Aber solche Vermutungen können nur Leute äußern, die niemals fernsehen. Vielleicht sollte man mal überprüfen, wie viel angebliche Herzinfarkte, Schlaganfälle oder Kreislaufkollapse in Wirklichkeit durch das Fernsehen ausgelöst wurden. Schon ein Blick in eine handelsübliche Programmzeitschrift kann zum völligen Hirnstillstand führen. Das ist allerdings nicht wirklich lebensbedrohlich, damit existieren Millionen Fernsehzuschauer noch Jahrzehnte weiter. Vielleicht sollten unsere Gesundheitsorgane den Kampf gegen Raucher etwas einschränken und stattdessen die Einrichtung von »Nichtfernseherzonen« fördern. Jeder Fernseher sollte ab sofort mit Warnhinweisen versehen sein: »Dieses Gerät kann Ihre Nerven töten« oder »Fernsehen verkürzt Ihre Lebenszeit«. Und weil es demographisch gesehen wirklich Wichtigeres zu tun gibt, als »Marienhof« zu gucken: »Wer fernsieht, gefährdet die Entstehung ungeborenen Lebens.«

FERNSEHPSYCHIATER

Manchmal, wenn ein langer Tag mit Seifenopern, Gerichtsverhandlungen, Werbeblöcken, Nachrichten, Tiersendungen, Problemfilmen, Gewaltdarstellungen und nackten Frauen, die dauernd angerufen werden wollen, zu Ende gegangen ist und der Fernseher noch eine Weile unruhig vor sich hin knackt, dann fragen wir uns, wie er das eigentlich alles verkraftet. Diese ständigen Gewaltdarstellungen, diese anrufbesessenen nackten Frauen, die vielen schreienden Kinder, Oliver Geissen, Iris Berben, die Teletubbies, die schimpfenden schwarzen Männer auf MTV und Viva und die Kegelweltmeisterschaften auf Eurosport. Ist das nicht alles zu viel für so ein Gerät? Wir können ja nicht den ganzen Tag mit ihm verbringen, das meiste muss er völlig alleine mit sich ausmachen. Wir haben schon das Gefühl, dass er zu viel in sich reinfrisst. Er spricht ja nicht mit uns darüber. Hin und wieder, wenn wir ihn ganz überraschend anstellen, sehen wir, was in ihm vorgeht. Es ist schrecklich: Unsere kleine Farm, Grand Prix der Volksmusik, Tigerentenclub, Modern Talking unplugged, Forsthaus Falkenau ... Das kann einen Fernseher schon verrückt machen. Wir haben ihn deshalb sogar zum Analytiker gebracht. Aber das war ein Fehler. Der hat ihn nur benutzt, um »Dr. House« zu gucken.

MOUNT EVEREST

Reinhold Messner hat sich bitter über den Massen-
tourismus am Mount Everest beklagt. Das habe mit
Bergsteigen nichts mehr zu tun. Natürlich ist es nicht
schön, dass die Firma Lifta den Berg bis zum Gip-
fel mit einem Treppenlift ausstatten will. Andererseits
können jetzt auch Senioren, denen das Treppenstei-
gen schwerfällt, den Berg erklimmen. Fahrzeit etwa
elf Stunden. Man kann sich fragen, ob es wirklich nötig
ist, dass alle fünfzig Höhenmeter eine Thrombose-
strumpfausgabestelle steht. Aber wenn man sich überlegt, dass vor gerade zwei Wochen die Erstbesteigung
des Berges mit Inkontinenzwindeln erfolgte, dann hat
das wohl seinen Sinn. Da der Berg in diesem Jahr
schon viermal wegen Überfüllung geschlossen werden musste, sinnt man auf Abhilfe. Dubai will den
Everest auf eigenem Territorium nachbauen. Mit einem
Speiseaufzug für Gipfeldinner und einer Treppe für
die Bediensteten. Der echte Mount Everest soll dagegen zur verkehrsberuhigten Zone erklärt werden.
Man will die Gipfelrouten mit Bodenschwellen, Pol-
lern und anderen Hindernissen langsamer machen.
Der Everest soll außerdem der erste Nichtraucher-
berg der Welt werden.

KOPFTUCHSTREIT

Soweit wir uns erinnern, haben wir bisher noch gar nichts zum »Kopftuchstreit« gesagt. Ein schweres Versäumnis, denn Kopftuchstreit ist zunächst mal ein sehr schönes Wort. Es suggeriert, hier würden zwei entfesselte Kopftücher miteinander kämpfen, sogar eine zarte Nähe zum »Zickenterror« ist spürbar. Erstaunlich, dass die Kanzlerin den Kopftuchstreit nicht längst an sich gerissen und dass die Linke nicht damit gedroht hat, die Angelegenheit zum Wahlkampfthema zu machen. Im Fernsehen wurde uns zur Verdeutlichung immer nur eine Frau mit Kopftuch gezeigt. Diese Frau wollte aus religiösen Gründen mit Kopftuch unterrichten. Das Gericht fand die Idee nicht gut, weil Frauen im christlichen Abendland Kopftücher nur beim Frühjahrsputz tragen dürfen. Außerdem befürchtete man eine Beeinflussung der Schüler. Wenn wir an unsere Schulzeit zurückdenken, dann wimmelte es im Lehrkörper von absonderlichsten Gestalten. Niemals wären wir auf die Idee gekommen, die Breitcordhosen, Alkoholfahnen oder Horrorfrisuren zu kopieren. Lehrer dienen niemals als Vorbild, sondern nur als Abschreckung. Will man dem Islam in diesem Land ein für alle Mal Einhalt gebieten, muss man also die Kopftuchpflicht für Lehrer einführen.

MÄNNER VERSTEHEN FRAUEN NICHT

Männer verwechseln Freundlichkeit bei Frauen häufig mit sexuellem Interesse und interpretieren umgekehrt eindeutige erotische Signale als reine Nettigkeit. Sie begreifen die weibliche Körpersprache einfach nicht, wie US-Psychologen herausfanden. Man muss sich durchaus wundern, dass es überhaupt noch zu fortpflanzungsähnlichen Handlungen zwischen Männern und Frauen kommt, denn entweder holen sich Männer einen Korb oder ergreifen ihre Chance nicht. Diese Instinktlosigkeit könnte bald zum Aussterben der Art führen. Man kann aber daraus auch schließen, dass Männer und Frauen gar nicht zur gleichen Art gehören und jahrtausendelang völlig aneinander vorbeigebalzt haben. Es gibt vielleicht ganz andere Arten, die viel besser zu uns passen würden. Frauen verstehen sich in der Regel hervorragend mit Schuhen, ähnlich wie Männer mit Autos. Was die Fortpflanzung anbelangt, vermutet man, dass sich Schuhe durch Zellteilung im Schrank vermehren. Wenn aber ein Mann und seine Limousine sich sehr lieb haben, dann glauben Wissenschaftler, dass daraus ein Kleinwagen oder ein Baby mit Seitenaufprallschutz und Allradantrieb entstehen könnte.

MINI-ENDOSKOP

Ein neuentwickeltes Mini-Endoskop macht es möglich, dreidimensionale Videobilder aus dem Inneren des menschlichen Körpers zu übertragen. Man kommt damit praktisch überall hin, und Ärzte erhoffen sich, endlich in jeden Bereich des menschlichen Körpers hineinschneiden zu können. Auch das Fernsehen ist sehr an dieser Kamera interessiert. Bald soll jeder Seriendarsteller eine oder mehrere Körperkameras in sich tragen. Fällt der bedeutungsschwangere Satz: »Ich wüsste wirklich gerne, was so in dir vorgeht«, kann direkt ins Innere des Angesprochenen umgeschnitten werden. Wir sehen dann dreidimensional und in Farbe, was in ihm vorgeht. Folgende Sätze ziehen ebenfalls den sofortigen Umschnitt in den Körper nach sich: »Du, ich hab das mit unserer Trennung noch nicht verdaut« oder »Ich entscheide das aus dem Bauch heraus«. Auf jeden Fall wird es bei einem Casting nicht mehr nur um Aussehen, Ausstrahlung und Stimme gehen, eine genauso große Rolle spielen die inneren Werte eines Darstellers. Und die kann man ja jetzt ganz genau erkennen. Mit einem unaufgeräumten Magen oder einem hässlichen Darmausgang hat man jedenfalls keine Chance bei »Gute Zysten schlechte Zysten«.

MISCHEHEN IMPOSSIBLE

Der Historiker Guido Knopp hat sich große Verdienste auf dem Gebiet der Hitlerverfilmung erworben. Werke wie »Hitlers Frauen«, »Hitlers Hitlerjungen« oder »Hitlers kalorienreduzierte Tütensuppen« sind unvergesslich. Nun ergaben Recherchen des ZDF, dass der Nationalsozialismus 1945 am Ende war und Hitler dabei umgekommen ist. Ein harter Schlag für Guido Knopp. Damit musste er wichtige Projekte wie »Hitler und Elvis«, »Hitlers Hitparade« und »Hitler vs. Pippi Langstrumpf« endgültig aufgeben. Das Gespenst der Arbeits- und damit Bedeutungslosigkeit stand im Raum, bis Knopp die entscheidende Entdeckung machte. Nationalsozialismus heißt heute Scientology. Und damit war auch klar: Tom Cruise ist Goebbels, obwohl er im Kino so tut, als ob er Stauffenberg wäre. Das ist ein typischer Nazitrick, damit kann er Frank Schirrmacher reinlegen, aber nicht Guido Knopp. Jetzt steht Knopp wieder ein riesiges Arbeitsfeld offen. Und da die meisten Scientologen berühmte Schauspieler sind, können sie sich sogar selber spielen. Freuen wir uns also auf: »Tom Cruise und Eva Braun« (mit Katie Holmes), »Tom Cruise und Hitler« (mit John Travolta) und den Thriller »Mischehen Impossible«.

SCHÖNHEITSREPARATUREN

Mieter sind nicht verpflichtet, jede vom Vermieter gewünschte Schönheitsreparatur vorzunehmen. Das stellte der Bundesgerichtshof in einer aktuellen Entscheidung fest. Es ist also überhaupt nicht erforderlich, sich einer Botoxbehandlung zu unterziehen oder bestimmte Körperstellen mit Silikon aufzufüllen, nur weil der Vermieter darauf besteht. Verschönerungen der Außenfassade sind nämlich gar nicht Sache des Mieters, sondern des Hausbesitzers. Löcher in den Wänden müssen selbstverständlich zugespachtelt werden, das gilt aber nicht für Löcher in Schuhen, Socken oder Pullovern. Wie das BGH erklärte, ist der Mieter leider auch nicht verpflichtet, Tätowierungen, die er während des Mietverhältnisses erworben hat, zu überstreichen. Es besteht auch kein Krawattenzwang im Wohnzimmer, nur weil der Vermieter dort kostspielige Stuckarbeiten vorgenommen hat und die Mieter sich plötzlich »der Umgebung angemessen« kleiden sollen. Der Vermieter darf erst recht nicht verlangen, dass man sich die Zähne richten läßt. Auch wenn sie so weit vorstehen, dass im Treppenhaus keiner mehr an einem vorbeigehen kann, ohne sich zu verletzen.

TIERHODEN

Sobald im Fernsehen eine Frau längere Zeit nichts anhat, ist der Film für Zuschauer unter 16 Jahren nicht geeignet. Diese Warnung sollte man ernst nehmen, denn je weniger Kleidungsstücke in einem Beitrag vorkommen, umso mehr steigt die Gefährdung für jüngere Menschen. Wer ihnen etwas Gutes tun will, lässt sie nachmittags die Tierdokumentation »Geheimnisvolle Welt« anschauen. Es beginnt mit schönen Bildern majestätischer Blauwale. Dann ist ohne Vorwarnung von »Samenüberflutung« die Rede und es kommt sogar zum »Samenfädenvergleich« zwischen Blauwal und Honigbeutler. Dieses kleine Tier besitzt »riesige Hoden mit Massen langlebigem Sperma. Im Vergleich müssten sie bei einem Mann 4 kg wiegen«. Und schon sind wir beim Opossum: »Am Ende der Regenzeit schwellen die Hoden der Männchen an, jedes interessierte Weibchen hat Gelegenheit, das Angebot zu sichten.« Bei den Tammar-Kängurus »erhärtet sich ein Teil des Spermas und bildet einen Propfen an der Vagina des Weibchens«. Doch am Ende des Libellenpenis »befindet sich eine Art Spermaentfernungswerkzeug«. Eignet sich das wirklich für Zuschauer unter 16? Und was antwortet die Mutter, wenn die Tochter fragt: »Ist das bei Papi auch so?«

HUNDE-EHE

Wer getrennt von seinem Ehepartner lebt, hat keinen rechtlichen Anspruch auf ein Umgangsrecht mit einem während der Ehezeit angeschafften Hund. Das geht aus einer überharten Entscheidung des Oberlandesgerichts Hamm hervor. Selbiges gilt auch, wenn der Hund schriftlich seinen Wunsch nach einem weiteren Umgang mit dem nicht mehr im Haus lebenden Partner geäußert hat. Wer versucht, sich den Hund mit Leckerlis gefügig zu machen, verstößt gegen geltende Bestimmungen. Der getrennt lebende Partner hat auch keinen Anspruch auf Zustellung der Zeitung oder seiner Pantoffeln durch das Tier, auch wenn er das bisher so gewohnt war. Anders verhält es sich mit Stöckchen- und Knochensammlungen, die der Hund im Laufe der Ehe angelegt hat. Diese müssen gerecht unter den Partnern aufgeteilt werden. Zur Kompensation des erlittenen Verlustes verfügten die Richter, dass dem hundelosen Ehepartner eine CD mit Bell-, Knurr-, Wedel- und Hechelgeräuschen des Tieres auszuhändigen ist. Ein rechtlicher Anspruch auf den Umgang mit gemeinsamen Kindern besteht dagegen weiterhin, sie müssen aber an der Leine geführt werden.

TALIBANREISEN

Die legendäre Afghanistan-Reise von Ex-Bildschirm-
präsenzverteidigungsminister Karl Theodor zu Gut-
tenberg nebst Freifrau Stefanie von und zu RTL II und
Johannes von Kerner hat herbe Kritik bei allen ausgelöst, die nicht mitkommen durften. Es war jedenfalls
eine brillante Idee, eine Kerner-Show in Afghanis-
tan aufzuzeichnen, einem Land, das an Katastrophen
gewohnt ist. Friedensorganisationen protestierten:
Eine so furchtbare Laberwaffe wie Kerner dürfe man
selbst gegen die Taliban nicht einsetzen. Doch der Erfolg wird schon sichtbar. Nach Beendigung von Ker-
ners Einschaltquotenkampfeinsatz sollen mehr als
Hundert Taliban den Kampf freiwillig auf- und ihre
Waffen abgegeben haben. RTL plant, demnächst mit
Mario Barth, einer der schrecklichsten Witzkanonen,
auf Talibanjagd zu gehen, während ARD und ZDF
die Terroristen von Beckmann, Plasberg, Lanz, Illner,
Maischberger und Will im Dauerverhör zermürben und
zur Aufgabe zwingen wollen. Sollte das alles noch
nicht genug sein, dann muss der MDR die fanatischen
Islamisten mit Florian Silbereisen in die Knie zwin-
gen, der am Hindukusch das »Beschneidungsfest der
Volksmusik« veranstalten wird.

WENIGER MÜLL

In deutschen Haushalten fällt immer weniger Müll an. 2010 waren es 300 000 Tonnen weniger als im Jahr zuvor. Natürlich ist das keine gute Nachricht. Eine riesige Industrie ist schließlich darauf angewiesen, dass immer genügend Müll produziert wird: Verbrennungsanlagen, Müllabfuhren, Containerbetreiber, Mülltonnen- und Müllbeutelhersteller und natürlich die gesamte Unterhaltungselektronikindustrie. Hier gab es klare Absprachen. Der Verbraucher erwarb ein Handy, einen Computer oder einen MP3-Player, behielt das Gerät ein Jahr lang, ohne jemals genau zu verstehen, wie es eigentlich funktionierte, und dann war es sowieso veraltet und musste entsorgt werden. Inzwischen werden viele Geräte, die älter als ein Jahr sind, dem Müllkreislauf vorsätzlich vorenthalten und einfach weiter benutzt, obwohl es längst neuere und unverständlichere Apparate gibt. Da gleichzeitig die Zahl der Scheidungen beständig sinkt, muss man davon ausgehen, dass die Bürger jetzt auch viel mehr Beziehungsmüll daheim lagern. Ehepartner, die früher einfach aus dem Haushalt entfernt wurden, werden jetzt noch Jahre weiterbenutzt, obwohl sie längst veraltet sind und neue Modelle zur Verfügung stünden.

ZECKENEXPERTEN

Kaum ist es wärmer geworden, wird unser Land von einer Zeckenexpertenplage heimgesucht. Auf allen Sendern treiben sie ihr Unwesen. Sie verbeißen sich in jedes Studio und lassen nicht eher locker, bis sie zehn Minuten Sendezeit herausgesaugt haben. Der Zeckenexperte kann in männlicher oder weiblicher Form auftreten, mit bloßem Auge sind sie nur schwer zu unterscheiden. Das Männchen hat meist die tiefere Stimme, während das Weibchen bedenklicher gucken kann. Wenn Ihr Bildschirm von Zeckenexperten befallen ist, bewahren Sie Ruhe. Nehmen Sie eine Pinzette, ziehen Sie damit den Netzstecker Ihres Gerätes aus der Steckdose und warten Sie zehn Minuten. Meist sind die Zeckenexperten anschließend verschwunden. Man hat noch nicht herausgefunden, wie Zeckenexperten überwintern, wahrscheinlich fallen sie in eine Art Kältestarre. Im Mai beginnen die Zeckenexperten dann gemeinsam mit Maikäferfachmännern und dem Nahostexperten Peter Scholl-Latour auszuschwärmen und sind bis in den August äußerst rege. Dann aber werden sie auf den heimischen Bildschirmen von Wespenexperten verdrängt. Wenn Sie denen entgehen wollen, sollten Sie vor dem Fernseher keinen Pflaumenkuchen essen.

ZU VIELE KÖCHE

Auf der Suche nach den Verantwortlichen für die Erd-
erwärmung hat man von Autos über Flugzeuge bis
zu Kühen schon einige Schuldige gefunden. Sträflich
vernachlässigt wurde dagegen der Einfluss der TV-
Kochorgien auf den Zustand dieses Planeten. Dabei
wissen wir alle: Es wird im Fernsehen zu viel gekocht. In einer Produktion wie »Lanz kocht« sind sech-
zehn Herdplatten oder Kochfelder ständig in Betrieb,
und da die Sendung von bis zu drei Millionen Menschen gesehen wird, macht das 48 Millionen Kochplat-
ten, die zu nachtschlafender Zeit Wohn- und Lebens-
räume gnadenlos aufheizen. Im ARD-Buffet werden
Hunderttausende von Zuschauern zum Synchron-
kochen angestiftet, indem man ihnen einen Tag zuvor die Zutatenliste durchgibt. Man schätzt, dass
allein Alfred Biolek die Temperatur in Deutschland
um 0,2 Grad erhöht hat. Es wird zu viel, zu heiß und
zu verantwortungslos gekocht. Es wäre schon eine
spürbare Erleichterung, wenn man Tim Mälzer und
Johann Lafer für ein paar Jahre kaltstellen würde. Der
Mahlzeitenausstoß im Fernsehen muss drastisch re-
duziert werden, sonst wird es in Deutschland bald so
heiß sein, dass wir Mecklenburg-Vorpommern ganz-
jährig als Warmhalteplatte benutzen können.

FREITAG

müsste eigentlich wegen arglistiger Täuschung verboten werden, denn man hat ja freitags keineswegs frei. Viele sprechen deshalb auch vom »Schwarzen Freitag«. Es ist der Tag, an dem Jesus gekreuzigt wurde, aber auch der Tag, an dem die Happy Hour in »Shorty's Bistro« drei Stunden dauert. In Deutschland isst man freitags Fisch, weil beides mit »F« anfängt. (Sonntag = Schweinebraten, Montag = Moppelkotze, Dienstag = Die Reste vom Montag, Mittwoch = Mischgemüse, Donnerstag = Dörrobst, Samstag = Salamipizza.) Man beginnt außerdem mit den Vorbereitungen für die Montagskopfschmerzen. Freitags sind Journalisten gesetzlich verpflichtet, über Politiker wie Philipp Rösler und Prominente wie Lady Gaga zu schreiben. Das tun sie zwar auch an jedem anderen Tag, aber eigentlich müssten sie es nur freitags.

ANTARKTISÖKOSYSTEM

Damit das Ökosystem der Antarktis nicht demnächst unter Tausenden von Touristen zusammenbricht, soll die Größe der Kreuzfahrtschiffe begrenzt werden. Genau wie die Zahl der Urlauber, die gleichzeitig an Land gelassen werden. Es hatte in letzter Zeit immer wieder Beschwerden von Pinguinen gegeben, die sich von Touristen belästigt fühlten. Andererseits soll es aber auch zu teilweise gewalttätigen Übergriffen vonseiten der Tiere gekommen sein. Die großen Vögel, die genauso flugunfähig wie Menschen und damit leicht mit ihnen zu verwechseln sind, haben im Laufe der Jahre gelernt, die Bewegungen der Touristen nachzuahmen. Man vermutet, dass mindestens 500 Kaiserpinguine unerkannt an Bord von Kreuzfahrtschiffen gingen, nachdem sie sich zuvor Ausweise und Geld unvorsichtiger Besucher beschafft hatten. Die Vögel seien äußerst clever, nicht von echten Kellnern, Dirigenten oder Beerdigungsunternehmern zu unterscheiden und würden selbst von Ehepartnern nicht entlarvt. Dagegen fällt es den ausgeraubten Touristen oft schwer, sich in eine Pinguinkolonie einzuordnen, obwohl sie über erstaunliche Fettreserven verfügen.

KRANICHINTEGRATION

Tausende von Kranichen versammeln sich jährlich auf den Rastplätzen im Nordosten Mecklenburg-Vorpommerns. Sie bereiten sich dort auf den Weiterflug in den Süden vor. Politiker aller Parteien kritisierten: Die Vögel nutzten das deutsche Sozialsystem aus, ohne eine angemessene Gegenleistung zu erbringen. Der CSU-Vorsitzende Seehofer sagte: »Vogelzug ist keine Einbahnstraße.« Wer nach Deutschland komme, um hier als Vogel zu arbeiten, der müsse sich auch den Gegebenheiten des Landes anpassen. Kritisiert wurde von allen Seiten die mangelnde Bereitschaft des Kranichs, sich zu integrieren. Der Kranich lebe im Gegenteil in einer vollkommenen Parallelgesellschaft, deren Werte nichts mit unseren zu tun hätten. Kraniche wohnen im Verborgenen, in Gebieten, in die sich oft kein Deutscher traut, sie nehmen nie an Feuerwehrfesten oder Grillabenden teil. Auch bringt der Kranich seine Kinder in Eiern zur Welt, schickt sie nicht zur Schule, und wenn es ihm hier zu kalt wird, fliegt er einfach in den Süden. Ein Unionspolitiker erklärte, gut ausgebildete Vögel seien jederzeit willkommen, aber sie müssten Deutsch lernen und das Eierlegen aufgeben.

PRIVATATOMMÜLL

Die Bundesregierung überlegt, die Endlagerung von Atommüll zu privatisieren. Obwohl es sich angeblich um langfristige Planungen handelt, können sich interessierte Bürger schon jetzt melden, wenn sie Atommüll privat bei sich zu Hause endlagern wollen. Als Endlagerstellen eignen sich trockene, lichtlose Keller, aber auch Kinderzimmer, die nicht mehr gebraucht werden, Gartenschuppen oder stillgelegte Schwimmbäder. Besitzer von Salzstöcken brauchen sich gar nicht erst zu melden, damit hat man sehr schlechte Erfahrungen gemacht. Auch Karstadtfilialen, die aufgegeben werden sollen, sind sehr gut als Atommüllendlager geeignet, man könnte das strahlende Material als Aktionsware kennzeichnen und bei entsprechender Nachfrage weiterverkaufen. Fest eingeplant als Endlagerstätte ist das Berliner Stadtschloss, das nur noch gebaut werden muss. Umweltminister Roettgen sagte, wichtig sei vor allem, dass man das Zeug von der Straße aus nicht mehr sehen könne und dass der Endlagerraum abschließbar sei. Der private Endlagerbetreiber muss außerdem zusichern, dass der Müll mindestens 100 000 Jahre lang in der Familie weitervererbt wird.

DALAI LAMA MEDIENPREIS

Der Dalai Lama erhielt den Deutschen Medienpreis 2010, weil er wie keine andere Persönlichkeit in den deutschen Medien präsent war. Der Dalai Lama ist ein eingetragenes Warenzeichen und steht für ein Produkt namens »Tibet«. Was der Weiße Riese für die Waschmittelbewegung, sei der Dalai Lama für die Autonomiebewegung, hieß es in der Preisbegründung. 2010 ließen sich insgesamt 1441 Prominente der A-Klasse mit dem Dalai Lama fotografieren, 240 davon hatten eine längere Unterredung mit dem geistlichen Oberhaupt der Tibeter, wobei 37 erleuchtet und zwei verdunkelt wurden. Die Laudatio auf den Dalai Lama hielt sein bester Freund Roland Koch, der, seinem Vorbild nacheifernd, den Freiheitskampf des hessischen Volkes gegen die kommunistische Zwangsherrschaft der Linkspartei gewonnen hat. Koch benutzt aus Solidarität Brillengläser mit der gleichen Dioptrienzahl wie der Dalai Lama, obwohl er damit praktisch nichts sieht. Koch schwört aber auf die Kraft des dritten Auges. Nach Ansicht von Experten ließe sich die Werbewirksamkeit des Dalai Lama übrigens noch steigern, wenn man ihn mit Justin Bieber kreuzen würde.

DEEPWATER HORIZON

In einem internen Untersuchungsbericht zum Untergang der Bohrinsel »Deepwater Horizon« beweist BP, dass Entscheidungen von »vielen Firmen und Arbeitsgruppen« zu dem Unfall beigetragen hätten. Natürlich trifft nicht BP allein die Schuld am Tod von 11 Menschen und einer gigantischen Umweltkatastrophe. Schuldig gemacht hat sich vor allem die Arbeitsgruppe um Gottlieb Daimler, denn erst durch die Erfindung des Autos konnte es zu dem gigantischen Ölbedarf kommen, der BP zu immer riskanteren Tiefseebohrungen gezwungen hat. Provoziert wurde BP auch durch die lasche Gesetzgebung in den USA: Die Firma wurde dazu gezwungen, gängige Sicherheitsstandards zu missachten. Einen Vorwurf kann man auch den Meeresorganismen nicht ersparen, die sich vor Millionen Jahren einfach auf dem Meeresgrund ablagerten, um schließlich unter Druck zu Erdöl zu werden. Diese unangenehmen Wahrheiten verschweigt der Bericht von BP keineswegs, der zu dem Schluss kommt, dass ein Gott, der BP nicht verhindert habe, der Hauptschuldige sei. Schadensersatzforderungen müssten deshalb an die katholische Kirche, z. H. Papst Benedikt XVI. gerichtet werden.

GLÜHDROGEN

Mehr als ein Jahr nach dem Verkaufsverbot für 100-Watt-Glühbirnen sind diese noch immer in Baumärkten und Kaufhäusern zu haben. Die Handelsketten behaupten, sie würden nur Lagerbestände verkaufen, aber Drogenexperten bezweifeln das, weil es so große Lager gar nicht gibt. Immer häufiger muss die Polizei sogenannte Glühbirnen-Partys auflösen, wo sich Dutzende Unbelehrbarer beim Schein von 100-Watt-Birnen versammeln und teilweise ekstatische Zustände erreichen. Es sind bedauernswerte Süchtige, die sich einbilden, durch die Glühbirnen würde ihnen Erleuchtung zuteil. Selbst wenn es gelingt, den Leuchtstoff aus den Regalen der Supermärkte zu verbannen, werden die Süchtigen Wege und Leuchtmittel finden, um an die stimmungsaufhellenden Birnen heranzukommen. Die Polizei hat die Anweisung, allzu hell ausgeleuchtete Räume sofort zu durchsuchen und gegebenenfalls alle 100-Watt-Birnen zu zerschlagen. Noch ist nur der Handel strafbar, aber bald soll auch der Besitz einer 100-Watt-Birne mit zwei Jahren Dunkelhaft bestraft werden. Da hilft es auch nichts, wenn man behauptet, man habe das Licht nur kurz angeknipst, aber niemals inhaliert.

FAHRKARTENAUTOMATEN

Die Bahn rüstet ihre Fahrkartenautomaten um. Der Grund: Immer mehr Kunden waren in der Lage, die alten Automaten zu bedienen und konnten trotz verwirrendster Anweisungen oft in weniger als fünf Minuten ihren Fahrschein ziehen. Ein unhaltbarer Zustand. Die neuen Automaten sind mit einer berührungsempfindlichen Oberfläche ausgestattet. Das Gerät spürt, ob ein Kunde es besonders eilig hat und arbeitet dann entsprechend langsamer. Bevor der Apparat seine Arbeit aufnimmt, misst er zunächst den Blutdruck und entscheidet dann, ob der Reisende die Fahrt gesundheitlich überstehen kann. Darüberhinaus werden alle Automaten mit einer Risiko-Taste ausgerüstet. Wenn man die drückt, kann sich der Fahrpreis halbieren, aber auch verdreifachen, oder man bekommt gar keinen Fahrschein, dafür aber eine halbe Tasse Kaffee. »Etwas für abenteuerlustige Reisende, und das sind ja zwangsläufig alle unsere Kunden«, sagte Bahnchef Grube. Der Automat nimmt Wetten an, wann der Zug wegen einer Signalstörung stehen bleiben und wie tief der neue Stuttgarter Bahnhof gelegt wird. Man kann auch tippen, welche Temperatur wohl im Wageninneren herrschen wird.

ALTE SCHILDER

Nach Protesten der Kommunen bleiben die alten Verkehrsschilder weiterhin gültig. Der Austausch hätte bis zu 400 Millionen Euro gekostet. Das Überholverbotsschild ist also nach wie vor zu beachten. Es verbietet roten Autos, schwarze Fahrzeuge zu überholen, bzw. untersagt schwarzen PKWs, sich von roten überholen zu lassen. Ein rotes Dreieck mit Prozentangabe informiert Sie, wie viel Prozent das Bier in der nächsten Raststätte hat. Weiterhin in Kraft bleibt das Schild, auf dem ein springender Hirsch zu sehen ist. Es warnt vor tief springenden Hirschen, gilt aber auch als Erlaubnis, den eigenen Hirsch hier mal springen zu lassen. Natürlich nur, wenn man im Besitz eines gültigen Hirschführerscheins ist. Das Schild, worauf Stücke von einem Berg abbrechen, gilt nach wie vor und bedeutet: »Vorsicht, Ihre Toblerone krümelt.« Schilder mit Zahlen entstanden noch in D-Mark-Zeiten und sind heute natürlich das Doppelte wert. Wo 50 steht, darf man 100 fahren und wo 100 steht, sind 200 erlaubt. Es gelten auch Schilder, auf denen Ortsnamen wie Bielefeld oder Offenbach mit einem Schrägstrich versehen sind. Das bedeutet: diesen Ort so schnell wie möglich aus dem Gedächtnis streichen.

ORGANSPENDEN

Die legendäre Nierenspende des SPD-Fraktionsvor-
sitzenden Frank-Walter Steinmeier hat die Beliebtheit des eher unscheinbaren Politikers extrem erhöht.
Die ohnehin schon unrealistisch guten Umfragewerte
der SPD näherten sich den 40 Prozent an. Wenn
Sigmar Gabriel noch seine Leber spenden würde,
könnten die Sozialdemokraten alleine regieren. Diese
Entwicklung hat bei den anderen Parteien Beunruhi-
gung ausgelöst. In der CDU geht derweil das Miss-
trauen um, weil jeder befürchtet, von der Kanzlerin
zum Organspenden verdonnert zu werden. Angela
Merkel ließ erklären, dass sie Frank-Walter Stein-
meiers Handlungsweise respektiere, sie sei allerdings
nicht bereit, irgendwelche verfassungsgebenden Organe zu spenden. Die FDP ist sich sehr unsicher, wie
sie in der Angelegenheit vorgehen soll. Die Partei ist
wegen ihrer Spendenpraxis häufig in die Kritik geraten, deshalb scheut Guido Westerwelle vor über-
eilten Organüberlassungen zurück. Heftig dementiert
wurde gestern Mittag eine Meldung, nach der man
Rainer Brüderle zum Ausschlachten freigegeben habe.
Auch eine Ganzkörperspende von Dirk Niebel sei niemals erwogen worden.

KRANKENHAUSCLOWNS

In Deutschland besteht eine große Nachfrage nach Klinikclowns. Das verlautete am Rande eines Treffens von über 90 Krankenhausclowns. In einer Zeit wachsender Depressionen und Kostenselbstbeteiligung ist Aufheiterung vonnöten. Die klinikeigenen Spaßmacher erfreuen sich großer Beliebtheit. Viele Patienten kriegen sich gar nicht mehr ein, wenn sie hören, sie hätten höchstens »eine Woche zu leben« oder eine Amputation sei »unumgänglich«. Man muss ihnen dann schonend beibringen, dass nicht der Klinikclown, sondern der Chefarzt mit ihnen gesprochen hat. Es wird aber überlegt, das Prinzip auf andere Lebensbereiche zu übertragen. Bestattungsinstitute wollen Friedhofsclowns testen, die Trauernde mit geschmackvollen Späßen trösten sollen. Der ADAC denkt über einen Stauclown nach, die CDU will Roland Pofalla zum offiziellen Parlamentsclown ernennen. Große Betriebe beschäftigen einen Entlassungsclown, der Arbeitnehmern erst mal eine Torte ins Gesicht wirft und ihnen einen Eimer Farbe über den Kopf gießt, bevor er die Kündigung mit den Worten überreicht: »Die Torte war vom Aufsichtsrat / die Farbe war von mir / mein Gott, siehst du bescheuert aus / wir trennen uns von dir.«

KRAWATTENMANN

Ulrich Wickert wurde zum »Krawattenmann des Jahres« ernannt. Diese Auszeichnung erhielt er vom Deutschen Mode Institut (DMI). Wird das alles sein, was von Wickert übrig bleibt: Krawattenmann des Jahres? Aber vielleicht unterschätzen wir den Preis auch. Welche Rechte verbinden sich damit? Hat man als »Krawattenmann« quasi diplomatischen Status, darf also überall ohne Gepäckkontrolle einreisen? Wahrscheinlich darf aber nur die Krawatte einreisen, für den Mann, der an der Krawatte hängt, gelten andere Gesetze. Wenn Wickert in die Oper geht, könnte plötzlich folgende Durchsage ertönen: »Ist zufällig ein Krawattenmann unter den Zuschauern?« Dann meldet er sich und darf dem völlig aufgelösten Dirigenten beim Windsorknoten assistieren. Im Falle eines Staus auf der Autobahn (an einem Verkehrskrawattenknotenpunkt!) darf er den Schlips aus dem Seitenfenster hängen lassen und die Standspur benutzen: »Lassen Sie mich durch, ich bin Krawattenmann!« Aber welche Aufstiegschancen hat Wickert jetzt noch? »Krawattensupermann«, »Stringtangamann« oder »Feinrippmann«? Hoffentlich nicht »Soßenbindermann« oder gar »Stützstrumpfmann des Jahres«.

NICHT FÜR WEISSE AUFSTEHEN

Das Benehmen junger Menschen lässt vielfach zu wünschen übrig. In Paris liefern sie sich Straßenschlachten mit der Polizei, in Deutschland liefern sie schlechte Ergebnisse im Pisa-Test, und zu Hause liefern sie uns täglich neue Anlässe zur Unzufriedenheit. Sie räumen nicht auf, sie waschen nicht ab, sie machen den Fahrradschuppen nicht zu und essen zu wenig Gemüse. Unlängst sah einer dieser jungen Menschen, der zufällig in unserer Familie lebt, in den Nachrichten, wie zehntausend Amerikaner von der Bürgerrechtlerin Rose Parks Abschied nahmen. Mit Interesse vernahm er, dass diese Frau eine historische Tat vollbracht hatte. Sie war im Bus nicht für einen Weißen aufgestanden. Unser Sohn wirkte beeindruckt und fühlte sich bestätigt, denn auch er steht im Bus grundsätzlich nicht für Weiße auf, er steht für überhaupt niemanden auf. Dank ständigem Werteverfall und fehlender Leitkultur ist zu befürchten, dass man ihn eines Tages vor dem Reichstag aufbahren wird, wo hunderttausend Mitbürger bewegt Abschied von ihm nehmen. Weil er mit seiner Tat »mutig gegen die Diskriminierung von Rüpeln und Taugenichtsen in unserer Gesellschaft gekämpft hat«.

PIRATEN IN DEUTSCHLAND

Das Mandat der Bundeswehr bringt es mit sich, dass vor Somalia gefangene Piraten in Deutschland vor Gericht gestellt werden könnten. Doch können wir mit dieser Berufsgruppe überhaupt angemessen umgehen? Natürlich wird mit der Anwesenheit der Piraten auch die Nachfrage nach Augenklappen steigen, ebenso werden mehr Holzbeine und Hakenarmprothesen sowie Totenkopfflaggen gebraucht. In Deutschland wird ein Pirat automatisch mit Karneval in Verbindung gebracht. In der närrischen Zeit wäre es also kein Problem, selbst größere Seeräuberstückzahlen zu integrieren. Allein die Teilnahme an einer klassischen Fremdensitzung könnte bereits als Haftstrafe angerechnet werden, wäre aber auch eine wirkungsvolle Resozialisierungsmaßnahme. Gefangene Piraten würden sich hervorragend als Teilnehmer von Prunksitzungen eignen und könnten bei den Umzügen in Köln und Mainz auf Freibeuterthemenwagen zur Schau gestellt werden. Verteidigungsminister Jung hat angekündigt, mit aller Härte gegen Piraten vorzugehen. Ganz oben auf der Liste der Gesuchten stünde ein gewisser Johnny Depp. Allerdings gilt das Mandat der Bundesmarine noch nicht für die Karibik.

PISA 2010

Die Ergebnisse des aktuellen Pisa-Tests überraschen. Sachsen und Thüringen liegen im Leistungsvergleich vorne, Bremen und Hamburg hinten. Bremer Schüler sind mehrere Schuljahre zurück, sie können weder lesen noch schreiben, selbst der Gebrauch einfacher Werkzeuge ist ihnen häufig unbekannt. In Hamburg wurde vor kurzem immerhin das Rad eingeführt, allerdings wird es von der Bevölkerung nur sehr zögerlich angenommen. In Nordrhein-Westfalen, wo viele SPD-Ortsvereine noch von fellbekleideten Schamanen geleitet werden und die Schüler im Winter beim Schein glühender Kohlen ihre Hausaufgaben machen müssen, sind die Pisa-Ergebnisse auch nicht gerade ermutigend. In Schleswig-Holstein, dass noch nicht als vollständig christianisiert gilt, glauben 55 Prozent der Gymnasiasten, dass die Erde eine Scheibe ist, in Niedersachsen antworteten 21 Prozent der Schüler auf die Frage nach den Namen der Kontinente: »Afrika, Amerika, Borkum, Norderney und Langeoog.« Die hervorragenden Ergebnisse in Sachsen führen Experten auf die traditionell guten Abhörfähigkeiten im Osten zurück, außerdem legten die Schüler von jeder Stunde eine Akte an.

ABSATZ VON WEIHNACHTSBÄUMEN

Der Absatz von Weihnachtsbäumen wird in diesem Jahr auf 27,7 Millionen Stück ansteigen. Das gab der Hauptverband der Holzindustrie bekannt. 27,7 Millionen Weihnachtsbäume sind eine imposante Zahl, aber nichts gegen die 72 Millionen Handys, die in Deutschland im Umlauf sind. Woher kommt dieses Ungleichgewicht? Weihnachtsbäume eignen sich nur sehr schlecht für Ferngespräche. Sie verfügen zwar, je nach Ausstattung, durchaus über verschiedene Klingeltöne, die aber reichlich unzeitgemäß sind. Standardmäßig wird der Weihnachtsbaum als schnurloses Standmodell ausgeliefert. Er muss dann aber mit Wachskerzen betrieben werden, wobei man auf die Intensität der Strahlung achten sollte. Zeitgemäßer erscheint die vollbeleuchtete elektrische Variante, mit der man aber keine SMS verschicken kann. Der Stern, den viele Menschen an der Spitze ihrer Tanne oder Fichte befestigen, hat deshalb auch keinen Einfluss auf die Empfangsqualitäten des Baumes. Obwohl jeder Baum mit einer serienmäßigen Schnittstelle ausgeliefert wird, sucht man eine Bluetooth-Funktion selbst bei Blautannen vergeblich. Dafür dürfen Sie aber mit Ihrem Weihnachtsbaum jederzeit im Auto telefonieren.

SADDAMS PISTOLE

George W. Bush besitzt einen Andenkenschrank, und dort verwahrt er die Pistole, die Saddam bei seiner Festnahme getragen hat. Es heißt, Bush sei mächtig stolz auf diese Waffe. Dazu hat er auch allen Grund. Nie zuvor hat ein Mensch so viel Geld für eine Pistole gezahlt, die man auf dem Schwarzmarkt für 50 Dollar bekommen könnte. Bush hat dafür einige Milliarden Dollar ausgegeben und über 200 000 Einkäufer eingesetzt, die ihm diese Waffe besorgen mussten. Hoffentlich wurde er dabei nicht übers Ohr gehauen. Bei eBay werden insgesamt zwölf Waffen angeboten, die Saddam bei seiner Verhaftung in der Hand gehalten hat. Ein wertbeständigeres Souvenir wäre der Bart, den Saddam bei seiner Verhaftung getragen hat. Wobei der Bart, den er vor dem Krieg hatte, noch teurer ist. Ob der Präsident Saddam Hussein ausstopfen lassen will, um ihn als Garderobenständer zu benutzen, ist noch ungewiss, der WWF hat vorsorglich Protest angemeldet, weil Hussein unter Artenschutz steht. Wir wollen nicht hoffen, dass Bush den ganzen Golfkrieg nur angezettelt hat, um die Pistole in seinen Besitz zu bringen. Immerhin könnte sie als Massenvernichtungswaffe gelten, denn für ihren Erwerb musste Bush eine ziemliche Masse Geld vernichten.

NEUER FÜHRERSCHEIN

Ab 2013 ist der Führerschein nur noch 15 Jahre gültig. Danach muss man einen neuen beantragen. Das Haltbarkeitsdatum der Fahrerlaubnis wird in den Bordcomputer des Autos einprogrammiert. Vergisst man den Führerschein rechtzeitig zu beantragen, bleibt der Wagen mitten auf der Strecke stehen. Wenn allerdings die Polizei den Führerschein operativ entfernt hat, hilft kein Neuantrag mehr. Den neuen Führerschein gibt es nicht automatisch, man muss erneut eine Führerscheinprüfung ablegen, damit man mit der technischen Entwicklung Schritt halten kann. In Zukunft werden wir möglicherweise mit Elektroautos fahren, die Überschallgeschwindigkeit erreichen, oder auf batteriegetriebenen Pferden reiten. Vielleicht überwinden wir größere Entfernungen mit Hilfe von LSD-gestützten Trips oder fahren in riesigen Bussen mit elektrischem Heizdeckenantrieb. Dank plastischer Chirurgie ändern sich die Gesichter immer schneller. Viele Fahrzeughalterinnen haben schon heute mehr Botox als Benzin getankt und wechseln den Gesichtsausdruck täglich, während Männer sich bald während der Fahrt das Bauchfett absaugen und mit der Biomasse ihr Auto antreiben.

KÄNNCHENWELTERBE

Die französische Küche, also das belegte Baguette mit Rotwein, der Flamenco, der belgische Karneval, die chinesische Akupunktur und die aserbaidschanische Teppichknüpfkunst wurden soeben von der Unesco zum immateriellen Weltkulturgut erklärt. Ein heikler Status, vor allem, wenn die Aserbaidschaner eine Brücke über ihre Teppiche bauen wollen. Auch die mexikanische Küche, also das Chili con Carne in der Dose, wurde Welterbe. Da fragt man sich unwillkürlich, warum nicht einfach jede schlechte Angewohnheit oder jedes irgendwie bizarre Verhalten von der Unesco geadelt wurde. Wie wäre es mit dem haitianischen Voodoozauber, der iranischen Steinwurfkunst oder dem urdeutschen Brauch des Sommer- und Winterschlussverkaufs? Schützenswert sind auch die alle sechs Monate ausgesprochene rituelle Terrorwarnung und der deutsche Weihnachtsmarkt, der ja genau den Terror verkörpert, vor dem andauernd gewarnt wird. Also sollte man gleich den deutschen Weihnachtsterror zum Kulturerbe erklären. Doch dafür ist die Zeit vielleicht noch nicht reif. Was aber ist mit dem fast schon ausgestorbenen deutschen Brauch, draußen nur Kännchen zu servieren?

FLUGGEBÜHREN

Fluggesellschaften verlangen einer Studie zufolge immer mehr versteckte Extragebühren. Dabei wird Geld für Leistungen verlangt, die früher kostenlos und selbstverständlich waren. Obligatorisch sind Gebühren für Gepäckstücke. Doch Vorsicht, bei manchen Fluglinien kostet der Transport von grell gemusterten Krawatten zusätzliche Visagebühren, da die Grenzen des guten Geschmacks überschritten werden. Andere Gesellschaften zwingen die Kunden, Kleidung in einheitlicher Farbe mitzunehmen. Begründung: Im Falle eines Absturzes könne man das Gepäck anhand der Farbe einfacher der entsprechenden Leiche zuordnen. Eine australische Airline berechnet Extras wie »zweite Tragfläche«, »ausgebildeter Pilot«, »Fensterplatz«, »Gangplatz« und »Mittelplatz«. Bei fast allen Fluggesellschaften muss man die Seele getrennt einchecken, denn die Seele reist bekanntlich hinterher und braucht deshalb einen kostenpflichtigen Platz in einer späteren Maschine. Die Lufthansa wird auch weiterhin kostenlose Mahlzeiten austeilen, allerdings lassen sich die Verpackungen nur mit einem Spezialwerkzeug öffnen, das man für 25 Euro vom Kabinenpersonal leihen kann.

KORMORANJAHR

Die Naturschutzorganisation NABU hat eine gemischte Bilanz des Kormoranjahres gezogen. Einerseits sei es nicht mehr zu einem Kormoran-Massaker wie 2005 in Anklam gekommen, andererseits sind Kormorane immer noch Nachstellungen und Verfolgungen ausgesetzt und gelten als gesellschaftliche Außenseiter. Immer weniger Eltern lassen ihre Kinder zum Kormoran ausbilden. Der NABU beklagte außerdem, dass Kormorane nur wenige Führungsämter in öffentlichen Behörden bekleiden, in Dax-Unternehmen findet sich kein einziger Kormoran im Vorstand. Allerdings auch kein Dachs. Selbst in der Politik sieht es nicht anders aus. Einzig gegen Dirk Niebel laufen Ermittlungen, weil er, nur mit einem schwarzen Mantel bekleidet, in der Nähe von Fischteichen gesehen worden sein soll. Auch der Kormoran benutzt ja eine schwarze Federverkleidung. Gewaltbereit und ohne Rücksicht auf Verluste geht er gegen christliche Fischbestände vor. Kormorane gelten deshalb in der Bevölkerung als die Islamisten der Vogelwelt. Und tatsächlich ist der Kormoran der einzige deutsche Vogel, in dessen Namen das Wort Koran vollständig enthalten ist.

HEISSE ABTEILE

Nach dem Ausfall der Klimaanlagen in mehreren ICEs wurde die Bahn scharf angegriffen. Es reiche wohl kaum aus, dass sich ein Speisewagenmitarbeiter zwei Eiswürfel im Mund zergehen lässt und seinen kalten Atem dann mittels eines Strohhalms in die Wagen bläst, kritisierte ein Sprecher des Fahrgastverbandes »Pro Bahn«. Die Bahn versprach Abhilfe, man werde dem Mitarbeiter ab sofort drei Eiswürfel und einen dickeren Strohhalm zur Verfügung stellen. Die Probleme führt die Bahn hauptsächlich auf Computerfehler zurück, man habe geglaubt, die Reisenden in den überhitzten Zügen hätten tatsächlich eine »Schwitzplatzreservierung« gebucht. Ab sofort sollen die Sitzbezüge kühlere Farben bekommen und bei hohen Temperaturen sind die Zugbegleiter angewiesen, einen frostigen Umgangston anzuschlagen. Sollten die Temperaturen im Wageninnern über 50 Grad steigen, werden an alle Fahrgäste Fotos von Eisbären ausgeteilt. Ab Göttingen wird ein mobiler Ventilatorverkäufer zusteigen. Die Bahn bestritt, dass die Nummer einer Bahncard etwas mit der Wagentemperatur zu tun habe, es sei also nicht cooler, eine Bahncard 25 zu kaufen als eine Bahncard 50.

WACHS-MERKEL

Kürzlich wurde bei Madame Tussaud feierlich eine Wachsnachbildung von Angela Merkel eingeweiht. Allgemein bewunderte man die Lebensechtheit und freundliche Ausstrahlung der Figur. Heute kam heraus, dass es sich gar nicht um eine Wachsfigur handelt, es ist die echte Angela Merkel, die dort zu sehen ist. Das bedeutet: Seit Monaten wird Deutschland bereits von einer Wachspuppe regiert. Das erklärt die merkwürdig steifen und eher leblosen Reaktionen der Kanzlerin. Es gibt aber auch Spekulationen der Linkspartei neue Nahrung, die behauptet hatte, Merkel sei Wachs in den Händen skrupelloser Kapitalisten und Ausbeuter. Der Bundestagspräsident hat nun eine DNA-Analyse der Kanzlerin angeordnet, die SPD fordert, die Regierungschefin sofort einschmelzen zu lassen, damit solche Pannen nicht wieder vorkommen können. Angela Merkel selber äußerte sich erstaunt über diese Reaktionen, es sei eine ihrer Aufgaben, Deutschland im Ausland zu repräsentieren, und bei Madame Tussaud erreiche sie mehr Menschen als über Phönix. Die Union will weiter mit der Madame-Tussaud-Leihgabe arbeiten, denn die CDU steht für gesundes Wachstum.

EVOLUTION RULES OK

Amerikanische Forscher haben herausgefunden, dass die Evolution keineswegs zum Stillstand gekommen ist und die natürliche Selektion immer weiter fortschreitet. Daten einer Langzeitstudie legen beispielsweise den Schluss nahe, dass die Frauen in Zukunft kleiner und dicker sein werden. Wenn sich diese Entwicklung fortsetzt, haben wir in wenigen Jahren dreißig Zentimeter kleine Frauen, die aber 170 Zentimeter breit sind. Schuhproduzenten arbeiten bereits fieberhaft an der Entwicklung eines bequemen Schuhs mit einem Fußbett von 50 Zentimetern Durchmesser und 140 Zentimeter hohen Absätzen. Unklar ist noch, in welche Richtung sich die Männer entwickeln werden. Nach unseren, allerdings nicht empirischen Beobachtungen an ausgewählten Kiosken und Wasserhäuschen könnten Männer bald genauso breit wie hoch werden und damit praktisch eine quadratische Gestalt annehmen. Fortpflanzung wäre auf dem traditionellen Weg nicht mehr denkbar, Zellteilung oder Fremdbestäubung könnten zum neuen Trend werden. Spannend ist vor allem die Frage, ob aus der Verbindung von rechteckigen Frauen und quadratischen Männern trapezförmige oder dreieckige Kinder hervorgehen.

WILLY-BRANDT-HAUS

In Lübeck wurde die Willy-Brandt-Gedenkstätte eröffnet. Das historische Gebäude in der Lübecker Altstadt beherbergt viele unbekannte Dokumente und Zeugnisse. Auf Forschungsreisen entdeckte Brandt in den 60er Jahren des letzten Jahrhunderts beispielsweise ein zweites Deutschland direkt neben dem ersten. Es war hinter Beton und Stacheldraht verborgen und wurde deshalb nicht wahrgenommen. Brandt war, was kaum jemand weiß, auch Vorreiter der Wellness-Bewegung, er nannte es Entspannungspolitik. Beeindruckend wirkt der holzgetäfelte Gymnastikraum, in dem Brandt für seinen legendären Warschauer Kniefall trainierte. Zur Sicherheit führte er damals sogar ein Ersatzknie mit sich, denn er wusste, was vom Gelingen der Turnübung abhing. Die Dauerausstellung in der riesigen Halle hinter der Gedenkstätte ist den wichtigsten Frauen im Leben des SPD-Mannes gewidmet. 134 Damen stehen dort in Lebensgröße aus Hartplastik modelliert, dazu kommt noch eine Sammlung von 2400 Dankesschreiben aus aller Welt. Kurt Beck forderte in seiner Eröffnungsansprache, jeder Sozialdemokrat müsse einmal in seinem Leben auf den Knien nach Lübeck pilgern.

ZU WENIG BUTTERMILCH

Ein Test der Verbraucherzentrale Hamburg und der Eichdirektion Nord hat ein schockierendes Ergebnis zutage gefördert: 92 Prozent aller Buttermilchbecher waren unterfüllt, also es war zu wenig drin. Pro Jahr wird der Verbraucher um über 100 Tonnen Buttermilch betrogen. Die buttermilchverarbeitende Industrie schwimmt also im Geld, das sie mit nicht vorhandener Buttermilch verdient hat. Wie ist das möglich? Es muss an der Ware liegen. Es kostet ja immer eine gewisse Überwindung, Buttermilch zu konsumieren. Der Verbraucher ist sogar froh, wenn er nicht so viel Buttermilch trinken muss wie auf der Packung angegeben. Er wird gerade die Sorte besonders schätzen, deren Becher am unterfülltesten ist. Mit Beschwerden ist also kaum zu rechnen. Viele Menschen wären wahrscheinlich sogar bereit, für einen komplett leeren Becher Buttermilch zu bezahlen. Trotzdem wird die Angelegenheit jetzt gesetzlich geregelt, die Produzenten müssen die vorenthaltenen Buttermilchmengen kostenlos nachliefern, und zwar als Mousse au Chocolat. Und ab sofort muss auf jedem Becher vermerkt werden: »Achtung! Kann Spuren von Buttermilch enthalten.«

NICHT ALLES GUT UNTER HITLER

Ein Mann, der schon seit über 60 Jahren tot ist, spielt in der Gegenwart eine immer größere Rolle. Er beeinflusst das Leben von Tagesschausprecherinnen, Kardinälen und Nobelpreisträgern sogar aus dem Grab heraus. Im Zuge der allgemeinen und immer stärker werdenden Begriffsverwirrung wäre es eigentlich an der Zeit, dass Guido Knopp uns mit einer neuen Dokumentationsreihe aufklärt, Arbeitstitel: »Es war nicht alles gut unter Hitler«. Das scheint nämlich in letzter Zeit doch etwas in Vergessenheit zu geraten. Er hat viel für Familien, Mütter und Autobahnen getan. Er hat die Kunst vor Entartung geschützt, Leni Riefenstahl zu einigen ihrer schönsten Filme inspiriert und Organisationen geschaffen, in denen Günter Grass und andere Künstler ihre Jugend beaufsichtigt verbringen konnten. Auch das Fernsehen verdankt ihm sehr viel, noch immer füllen Produktionen über ihn und seine Mitarbeiter viele Stunden Sendezeit, unterlegt mit dramatischer Musik. Doch über all diesen unbestrittenen Leistungen wird inzwischen sehr leicht vergessen, dass Hitler hinter der Maske des schnauzbärtigen, menschenverachtenden Diktators eigentlich ein hundertprozentiger und unverbesserlicher Nazi war.

SCHWERTRANSPORTE

Nachts, wenn wir erschöpft von den vielen Spätausgaben der Nachrichtensendungen und schlecht synchronisierten Kung-Fu-Filmen in einer Art Wachkoma liegen, dann stellen wir in unserer Verzweiflung das Radio an und hören Verkehrshinweise. Es ist eine bizarre, kaum erklärbare Welt, die sich dort auftut. Spätnachts sind nämlich im ganzen Land auf fast jeder Autobahn »Schwertransporte, die nicht überholt werden können« unterwegs. Wir haben noch nie einen gesehen und ehrlich gesagt, wir hätten auch ziemliche Angst, wenn wir mal so einem begegnen würden. Ein Schwertransporter, der nicht überholt werden kann – etwas Grauenvolleres ist kaum denkbar. Wir drücken aufs Gas, wir erhöhen ständig die Geschwindigkeit, 160, 180, 182 … es hat alles keinen Sinn, der Schwertransporter ist schneller, er kann einfach nicht überholt werden. Nein, so etwas möchten wir nicht erleben müssen. Was transportieren die überhaupt? Wahrscheinlich irgendetwas Schweres, so viel ist sicher, aber was? Blei? Ottfried Fischer? Funktionsgleichungen? Warum kommen diese Schwertransporter immer nur nachts raus? In der ganzen Republik verfolgen verzweifelte Autofahrer unüberholbare Schwertransporter, und deshalb wird nachts auf den Straßen auch so unverantwortlich gerast.

SAMSTAG

gilt in der isländischen Mythologie als der Tag, an dem der Kolumnist ruhen und sich die Haare schneiden lassen soll, weil das die nächsten zwei Tage nicht geht. Am Samstag besteht außerdem die Möglichkeit, den Flüssigkeitshaushalt des Körpers zu regulieren (→ Kopfschmerzen).

In zwölf Jahren hat der Autor nur zweimal an einem Samstag gearbeitet und dabei jegliche kritische Distanz zu seinem Arbeitgeber vermissen lassen. Damit das nicht noch einmal passiert, hat er sich entschlossen, ab April 2011 auch samstags zu schreiben.

50 JAHRE SPRINGER VERLAG

Ein großes, ein einmaliges Jubiläum, das andere Jubiläen wie »39 Jahre Springer Verlag« oder »47 Jahre Springer Verlag« weit in den Schatten stellt. Humanbiologen sind sich inzwischen einig: Fünfzig Springerjahre entsprechen etwa 500 Menschenjahren. Doch wie fing das eigentlich alles an? Kurz nach dem Urknall, die älteren Kollegen werden sich erinnern, entstand 1956 aus der Zusammenballung mehrerer druckerschwarzer Löcher der Springer Verlag. Die ersten Zeitungen wurden damals in Zeichensprache gedruckt, wozu man inzwischen teilweise wieder übergegegangen ist. Kurz nachdem Konrad Adenauer das Alphabet eingeführt hatte, fand es auch in den Produkten des Springer Verlages Anwendung und hat sich dort heute zu über 80 Prozent durchgesetzt. Der Aufstieg des Springer Verlages vollzog sich in rasantem Tempo. 1961 erwarb man die Umlautrechte. Der Gebrauch von »Ä« und »Ö« wurde gebührenpflichtig, durch den Verkauf des »Ü« an die Türkei konnte der Konzerngewinn verdoppelt werden. Im Jahre 1990 erreichte man durch geschickte Umstrukturierungen Erträge in Millionenhöhe. Die Anführungsstriche für die Buchstabenkombination DDR wurden eingespart, ebenso wie die DDR selbst. Seit 1968 wird übrigens Mitbestimmung im Springer Verlag ganz groß geschrieben, aber das wird sie ja eigentlich immer, weil es sich um ein Hauptwort handelt.

DER BÄNDERSENDER

Als ich erfuhr, dass es den Sender *n-tv* schon fünfzehn Jahre lang gibt, bekam ich sofort ein schlechtes Gewissen, weil ich noch nie bewusst *n-tv* eingeschaltet hatte. Das ist wie mit einer etwas seltsamen, aber eigentlich netten Tante, die man längst mal hätte besuchen sollen, es aber nie getan hat, weil sie nur so alte staubige Bonbons und Zartbitterschokolade mit ranzigen Nüssen zu verteilen hat. Dabei sind das dumme Vorurteile, bei *n-tv* gibt es weder Bonbons noch Schokolade, sondern Nachrichten. Das »n« in *n-tv* steht nämlich für Nachrichten, so wie das »A« in ARD und das »Z« in ZDF für Alte Zausel steht. Wofür steht eigentlich der Bindestrich bei *n-tv*? Oder ist das ein Minuszeichen? Was käme da raus? Nachrichten minus Fernsehen gleich Deutschlandfunk? Aber zurück zum Thema: 24 Stunden nur Nachrichten! Da fragt man sich natürlich, passiert tatsächlich so viel? Und was ist eigentlich nachts, da schlafen die Nachrichten doch bestimmt? Allerdings ist das ja auch nur ein kleines »n«, die Nachrichten werden bei *n-tv* also eher klein geschrieben. Das wirklich Wichtige bei *n-tv* sind nämlich diese Zahlen und Buchstabenkolonnen, die am unteren Bildrand auf zwei Bändern in zwei verschiedenen Geschwindigkeiten durchlaufen. Da stehen Börsenkurse drauf und die Ergebnisse der 2. Bundesliga. Aber wie schaffen die das bei *n-tv*, dass diese Bänder ununterbrochen in Bewegung sind? Ich glaube, sie beschäftigen Praktikanten, die die Zahlen auf ein schmales Stück Stoff bügeln, das sie dann am unteren Bildrand an der Kamera vorbeiziehen. Und während die eine Gruppe die Bänder durchzieht, muss die andere schon wieder zwei neue bebügeln, weil sich ja ständig etwas ändert. Kaum sind die einen Praktikanten mit den alten Bändern fertig, schieben die anderen Praktikanten sofort die neuen hinterher und zwar bruchlos, sonst wären es ja Bruchbänder. Eine logistische Meisterleistung! Ich sollte in den nächsten fünfzehn Jahren wirklich öfter mal *n-tv* gucken. Und zwar bewusst und nicht nur versehentlich.

SONNTAG,

volkstümlich für »noch so 'n Tag, den man irgendwie rumkriegen muss«. Sonntags hat alles zu, aber der Kolumnist hat zu tun. Wegen der fehlenden Konsumanreize bleibt ihm viel Zeit, einiges genauer zu durchdenken. Deshalb befassen sich meine Sonntagskolumnen, die Sie allerdings erst montags lesen können, vorzugsweise mit wissenschaftlichen Themen wie dem Sexualleben der Wärmflasche, oder beleuchten das Treiben von Lautverschieberbanden im deutsch-polnischen Grenzgebiet.

WÄRMFLASCHEN

Nach über vierzigjähriger Forschungstätigkeit sind wir zu dem Ergebnis gekommen, dass neben dem Menschen noch eine andere Form intelligenten Lebens auf diesem Planeten existiert – und zwar die Wärmflaschen. Zugegeben, sie sehen nicht sonderlich intelligent aus, aber das tun wir ja auch nur in den seltensten Fällen. Andererseits muss man feststellen, Wärmflaschen suchen menschliche, vor allem weibliche Nähe, sie gehen sogar mit uns ins Bett. Statistisch gesehen teilen viele Frauen häufiger mit einer Wärmflasche als mit einem menschlichen Partner das Bett. Bisher ist es noch nicht zu Schwangerschaften gekommen, aber die Wärmflaschen arbeiten dran. Sie bestehen zwar aus einem gummiartigen Material, doch deshalb sind sie nicht unbedingt Anhänger von Safer Sex. Wärmflaschen treten in verschiedenen Farben auf, meistens sind sie rot. Bevor sie mit uns schlafen, lassen sie sich von uns heiß machen. Manchmal haben sie eine Art Pullover an, weil sie wahrscheinlich frieren, wenn ihre Körperflüssigkeit nachts erkaltet. Und mit zunehmendem Alter können Wärmflaschen, genau wie der Mensch, etwas undicht werden.

ACHT VON ZEHN GESTRESST

Acht von zehn Menschen sind gestresst, viele arbeiten am Limit oder leiden am Burn-out-Syndrom. Das sind erschreckende Zahlen, aber was bedeuten sie eigentlich? Warum sind acht von zehn Menschen überarbeitet? Doch wohl nur, weil sie für die zwei, die nicht gestresst sind, mitarbeiten müssen. Diese zwei sind es, wegen denen wir ständig am Limit rumrotieren. Und diese zwei sitzen praktisch überall. Im Büro shoppen sie im Internet oder spielen Solitär, anstatt die Korrespondenz zu erledigen. Die zwei sitzen am Postschalter, an der Reklamationsstelle im Elektronikmarkt, bei der Fahrkartenausgabe der Bahn oder sie stehen in der Schlange an der Supermarktkasse vor einem und haben mindestens drei Artikel dabei, auf denen der Preis fehlt. Oder sie fahren völlig entspannt zwanzig Kilometer mit Tempo 105 auf dem linken Fahrstreifen vor uns her, und wir sind ausnahmsweise mal gestresst, weil wir nicht am Limit arbeiten können. Die zwei sind es, die uns den letzten Nerv kosten, der uns bei dem ganzen Stress noch geblieben ist. Wenn man diese zwei endlich mal ans Arbeiten bekäme, würden wir anderen acht nicht ständig am Limit sein.

AKUPUNKTUR ALS KASSENLEISTUNG

Die Krankenkassen wollen die Kosten für Akupunkturbehandlungen übernehmen. Darüber werden sich viele freuen, aber man sollte auch die Folgen der Regelung bedenken. Sobald die Krankenkassen dafür bezahlen, wird sich diese Behandlungsmethode rasend schnell verbreiten. Alles wird akupunktiert. Wenn zwischen zwei verfeindeten Banden eine kleine Messerstecherei ausgetragen wird, bei der so einiges Blut fließt, dann wird das als Gruppenakupunktur abgerechnet. Speerwerfen wird als Heilmethode anerkannt, es handelt sich schließlich um so etwas ähnliches wie Akupunktur für den Stadionrasen. Imker können ihre Bienenvölker selbstverständlich als mobile Akupunkturstationen bei den Krankenkassen anmelden. Käsehäppchen mit kleinen Fähnchen übernimmt die Krankenkasse ebenso wie ein leckeres Schaschlik oder einen Spießbraten. Wer unliebsame Mitbürger mittels Voodoozauber piesackt, praktiziert Akupunktur. Ähnlich verhält es sich beim Bewerfen einer Zielscheibe mit Dartpfeilen. Da sind die Akupunkturpunkte sogar eingezeichnet. Der Höhepunkt wird erreicht, wenn die AOK demnächst den Fassbieranstich beim Oktoberfest zur Akupunkturbehandlung erklärt.

VORKASSE

Das Verhalten der niedergelassenen Ärzte in Deutschland wird immer merkwürdiger. Jetzt häufen sich die Fälle, in denen Menschen gegen Vorkasse behandelt werden, obwohl sie an etwas ganz anderem leiden. Vorkasse ist eine besonders tückische Form des Bargeldabflusses, im Volksmund auch als Schröpfen bekannt. In ländlichen Gebieten müssen Patienten sogar ihre Krankheiten selber mitbringen. Ein unhaltbarer Zustand, wie Vertreter der Kassenärztlichen Vereinigung unumwunden zugeben. Schließlich ist es Aufgabe des Arztes, dem Hilfesuchenden eine passende Krankheit zuzuweisen. Gegen Quartalsende sind beispielsweise nur noch ganz billige Krankheiten behandelbar. Experten prognostizieren jedoch noch viel schrecklichere Entwicklungen. In Zukunft muss jeder eine geplante Krankheit drei Monate vor Ausbruch bei seiner Krankenkasse anmelden, und die entscheidet dann, ob und wie lange der Versicherte sie überhaupt durchführen darf. Erfreulicher Nebeneffekt: Krankheiten wie Krebs, Aids, Herzinfarkt oder Schlaganfall wird es bald nur noch für Privatversicherte geben, weil sie von den gesetzlichen Krankenkassen nicht mehr genehmigt werden.

BILLIGE SCHÖNHEIT

Angesehene plastische Chirurgen haben während einer Fachtagung in Berlin vor »Billigangeboten für Schönheitsoperationen im Ausland« gewarnt. Brustvergrößerungen für 9,99 Euro oder eine Fettabsaugung für 0,89 Cent, das sind nur scheinbar verlockende Angebote, deren Folgen unabsehbar seien. Busladungsweise werden Patienten zu sogenannten Schönheitschirurgen nach Kasachstan, Kirgisien oder in die Innere Mongolei gebracht. Dabei sollte man allerdings daran denken, dass die Schönheitsideale in diesen Ländern von unseren erheblich abweichen. Oft bekäme man da sogar noch ein paar Kilogramm Fremdfett draufgepumpt. Wer sich die Lippen in einem Land mit hohem Nichtschwimmeranteil aufspritzen lässt, sollte vorsichtig sein, sonst kann er die Lippen zwar nicht mehr zum Küssen benutzen, dafür aber einen Schlauchbootverleih eröffnen. Brustvergrößerungen in dünn besiedelten Ländern können oft etwas üppig ausfallen und erweisen sich in der eigenen Mansardenwohnung als eher unpraktisch. Da sich in vielen vorderasiatischen Ländern Tierärzte durch plastische Chirurgie etwas dazuverdienen, darf sich keine Patientin wundern, wenn sie mit einem Euter und vier neuen Hufeisen nach Hause kommt.

DICKE SOLDATEN

Immer mehr Menschen sind zu dick für die Bundeswehr. Das geht aus einer Studie des Sanitätsdiensts der Streitkräfte hervor. Doch anstatt sich über sinkende physische Leistungfähigkeit zu beklagen, sollte man die positiven Seiten sehen. Jeder potenzielle Gegner würde zum Beispiel von einem Angriff unseres Kalorienbombergeschwaders tödlich überrascht werden. Die neue Taktik heißt: die Vorräte des Feindes aufessen, seine Nahrungsmittelreserven systematisch reduzieren und ihn damit kampfunfähig machen. Das käme uns besonders bei einer Besetzung des Schlaraffenlandes entgegen, denn da muss man sich bekanntlich durch eine Milchreismauer durchfuttern. Das schaffen nur speziell ausgebildete Soldaten mit Spachtelmassenvernichtungswaffen und Schnellkochtopfgewehren. Natürlich brauchen wir auch viel weniger Soldaten, da die vorhandenen ja viel mehr Raum einnehmen. Sollten unsere Soldaten in Seenot geraten, haben sie außerdem immer die Rettungsringe dabei. Das Verteidigungsministerium hat bereits reagiert und neue militärische Ränge in allen Waffelgattungen eingeführt: den Schlagoberst, den Schlachtplattenleutnant und den 4-Gänge-General. Damit haben wir in Europa eindeutig das militärische Übergewicht.

DIE ERSTEN OHREN

Reptilien konnten schon deutlich früher hören als bislang angenommen. Vor 260 Millionen Jahren entwickelte sich diese Fähigkeit, die bei vielen Männern, nach Ansicht ihrer Frauen, bis heute nicht besonders ausgeprägt ist. Das Hören soll den Reptilien geholfen haben, auch dunkle Orte zu besiedeln, denn vor 260 Millionen Jahren konnten sie noch kein Licht anmachen. Der Mensch kann das Licht überall anknipsen, und er kann sogar hören, wie er das Licht anknipst. Doch Ohren haben den großen Nachteil, dass man damit alles hört. Vor 300 Millionen Jahren wäre Dieter Bohlen ein völlig unbedeutender Saurier ohne Überlebenschance gewesen. Heute pflanzt er sich fort, und auf der ganzen Welt muss man die Geräusche hören, die er macht. Die Welt ist voller Lärm: Laubstaubsauger, Schlagbohrmaschinen, Gartenabfallzerkleinerer, Handyklingeltöne, Pürierstäbe, Kettensägen, Hitradio FFH oder Milchaufschäumdüsen. Dieser Krach kann uns heute nur deshalb belästigen, weil die Reptilien damals unbedingt im Dunkeln wohnen wollten. Doch inzwischen haben wir genug gehört, Ohren sind eigentlich Auslaufmodelle der Evolution. Wir brauchen sie nur noch, damit uns die Sonnenbrille nicht runterfällt.

FREUD

2011 wäre Sigmund Freud 155 Jahre alt geworden, doch der scheue Einzelgänger zog es vor, bereits im Jahre 1939 das Zeitliche zu segnen. Eine typische Übersprungshandlung. Sigmund Freud war der Entdecker der geschlossenen Psychiatrie, die nach seinen Wahnvorstellungen entwickelt wurde. Das Berliner KaDeWe startet deshalb die »Unterbewussten Wochen«, in denen die Kunden durch Kaufappelle an ihr Über-Ich an den großen Wissenschaftler erinnert werden sollen. Klaus Wowereit wird den »Oedipus-Komplex« offiziell eröffnen. Ein Begegnungszentrum für Männer, die ihre Mütter lieben und Probleme mit dem Vater haben. Der Verein der Deutschen Binnenschiffer hat zugesichert, Freud zu Ehren besonders viel Wasser zu verdrängen. Der Obi-Heimwerkermarkt bietet Seelenklempner-Artikel zum halben Preis an, gespaltene Persönlichkeiten sparen noch einmal 25 Prozent. Lukas Podolski will den Jubilar mit einer besonders großen Menge an Fehlleistungen würdigen. Angela Merkel erklärte, wir lebten in einer »Penisneidgesellschaft«, entschuldigte sich aber sofort für diesen Freud'schen Versprecher, sie hatte eigentlich über »Penetrationsprobleme von Ausländern« sprechen wollen.

HARTZ IV-CHIPS

Die Bundesregierung plant die Einführung einer Chipkarte für Hartz IV-Kinder, damit deren Identifizierung leichter fällt. Mit dieser Chipkarte können die Kinder Zoo-, Museums- und Freibadbesuche bezahlen oder Mitglied im Sportverein werden. Die Maßnahme soll verhindern, dass Eltern Hartz IV-Gelder zweckentfremden und sich davon Alkohol und Zigaretten kaufen. Kritiker bemängeln, dass es im Zoo und im Museum keinen Alkohol zu kaufen gibt. Doch Arbeitsministerin von der Leyen will die Chipkarte, damit die Regierung wenigstens einen Erfolg verbuchen kann. Spätere Generationen sollen mal sagen: Es war nicht alles schlecht unter Merkel. Wer arm war, konnte wenigstens die Chipkarte essen. In Teilen der Union erwägt man, Hartz IV-Kinder gleich von den Eltern zu trennen und im Zoo, Freibad oder im Museum aufwachsen zu lassen, das spart die Einführung der teuren Karte und der dazugehörigen Lesegeräte. Wobei ja gerade Hartz IV-Kinder häufig an Leseschwäche leiden. Kinder aus wohlhabenderen Familien bekommen aus Gründen der Gleichbehandlung ebenfalls eine Chipkarte, beispielsweise von Visa, Diners oder American Express.

SCHWERE RANZEN

Deutsche Schulranzen sind zu schwer. Die Schüler sind körperlich überfordert, Rückenschäden und Schlimmeres können die Folge sein. Eltern sollten das ordnungsgemäße Befüllen des Tornisters genau überwachen. Steine, Bleiplatten, Stahlkugeln oder Bilder von Beth Ditto und Sigmar Gabriel haben im Schulranzen eines Viertklässlers nichts zu suchen. Für sechs Stunden Unterricht braucht man eine ausgewogene Ernährung aus Mars, Snickers, Nuts und Milky Way. Eltern müssen jedoch bedenken, dass dreißig 100-Gramm-Schokoriegel zusammen auch immerhin drei Kilo wiegen. Da müsste man wohl auf den Atlas verzichten. Kinder sollten besonders schwere Hausaufgaben nicht in die Schule schleppen und auch auf schwere Fragen verzichten. Orthopäden empfehlen, dass ein gepackter Schulranzen nicht mehr als fünfzehn Prozent des Körpergewichtes eines Kindes ausmachen darf. Ist der Ranzen schwerer, muss man das Gewicht des Kindes erhöhen. Wer will, dass sein Kind einen dreißig Kilogramm schweren Ranzen mit in die Schule nimmt, muss das Körpergewicht des Kindes auf 200 kg steigern. Faustregel: je schwerer der Ranzen hinten, umso größer der Ranzen vorne.

MUSLIMSTUDIE

Eine Studie des Bundesinnenministeriums macht deutlich, wie groß die Kluft zwischen Muslimen und dem Rest der deutschen Gesellschaft geworden ist. Muslime glauben beispielsweise nicht an den Papst, sie sehen in ihm zumindest nicht den Stellvertreter Gottes, sondern nur einen älteren Herren mit der Neigung zu bizarr gemusterten langen Gewändern und roten Schuhen. Gläubige Muslime teilen sich auf in zwei große Gruppen, in gewaltbereite und nicht gewaltbereite. Das entspricht aber keineswegs der christlichen Aufteilung in eine katholische und eine evangelische Kirche, denn in Deutschland sind gewaltbereite Christen nicht an eine spezielle Glaubensrichtung gebunden. Außerdem ergab sich: je schlechter die Bildung, desto tiefer das religiöse Empfinden – ob das mit dem Christentum vergleichbar ist, muss noch geklärt werden. Die Bereitschaft zum Pilgern ist bei Muslimen ähnlich hoch wie bei Christen, die einen pilgern nach Mekka, die anderen nach Mallorca. Muslimische Frauen neigen zum Kopftuch, christliche dagegen zum Kochtopf. Die Studie fand auch heraus, dass es im Islam kaum Telefonseelsorge gibt, weil dem Islam das Seelenheil von Telefonen völlig egal ist.

NEANDERTALER IMMER FRÜHER

Soeben hat man in Spanien Überreste von Neandertalern entdeckt, die 20 000 Jahre alt sind. Homo sapiens und Neandertaler existierten möglicherweise lange Zeit nebeneinander, und bald wird man herausfinden, dass Neandertaler immer noch unter uns leben. Wer käme denn sonst als Abnehmer für die ungeheuren Mengen an Gammelfleisch, die man ständig in Deutschland findet, infrage? Wie können Sie aber erkennen, ob Ihr Nachbar oder Ihr Partner ein Neandertaler ist? Neandertaler waren sehr geschickt im Gebrauch von Werkzeug und hantierten auch gerne mit Feuer. Das liefert uns schon wichtige Hinweise. Ist Ihr Nachbar hauptsächlich in Heimwerkermärkten unterwegs, und renoviert er ständig seine Wohnhöhle? Grillt er tote Tiere über offenem Feuer? Dann ist er wahrscheinlich Neandertaler. Wenn er außerdem gerne Sendungen wie »Einsatz in 4 Wänden« oder »SOS – Do it yourself« sieht, dann wissen Sie Bescheid. Sollte sich herausgestellt haben, dass Sie mit einem Neandertaler verheiratet sind, kann die Ehe sofort annulliert werden. Lassen Sie den Burschen aber vorher noch den Küchenschrank zu Ende schreinern und das Bücherregal aufstellen und festdübeln.

NEUE JOBS FÜR ÄRZTE

Die Zahl der Arztbesuche ist gesunken, und deshalb ist es nicht verwunderlich, dass die Praxis-Pleiten um 50 Prozent zugenommen haben. Insgesamt soll fast ein Drittel aller Praxen von der Insolvenz bedroht sein. Hier muss natürlich sofort reagiert werden. Die Behandlung unrentabler Patienten sollte ganz eingestellt oder ins Ausland verlegt werden. Außerdem könnten kleinere Praxen fusionieren. Proktologen und Urologen lassen sich problemlos mit Hals-Nasen-Ohren-Ärzten zusammenlegen, denn sie schauen alle ins Innere des Patienten, wenn auch durch verschiedene Öffnungen. Vielleicht sollten sich die Ärzte auch grundsätzlich neue Tätigkeitsfelder erschließen. Warum bietet der Röntgenologe nicht auch noch Passbilder und Familienporträts an? Was spricht dagegen, dass Hautärzte geschmackvolle und fachmännisch ausgeführte Tätowierungen und Piercings anbieten? Genauso wie Psychiater ihrem Patienten noch eine preiswerte Couch oder Sitzgruppe vermitteln könnten. Gynäkologen sollten nebenbei auch noch die Kraftfahrzeuge ihrer Patientinnen einer Inspektion unterziehen und für den TÜV vorbereiten, schließlich sind sie ja aus der Praxis die Arbeit mit einer Hebebühne gewöhnt.

AUTOTÜREN

Wer seine Autotür nicht sofort nach dem Ein- oder Aussteigen schließt, hat seine Sorgfaltspflicht verletzt und kann im Falle eines Falles in Haftung genommen werden. Das geht aus einem Urteil des Berliner Kammergerichtes hervor. Man hat auch keinen Anspruch auf Schadensersatz, wenn man mit der Tür eigentlich nur einen Fahrradfahrer zu Fall bringen wollte, diesen aber verfehlt hat, und ein nachfolgendes Auto einem dann die Tür abfährt. Darauf wies die Arag-Rechtsschutzversicherung hin. Lässt man die Türen längere Zeit offenstehen, muss man sich nicht wundern, wenn der Wagen von Fußgängern als Durchgang, Abkürzung oder Unterstellmöglichkeit bei Regen oder als Buswartehäuschen genutzt wird. Der Wagenhalter ist dann sogar verpflichtet, Mülleimer aufzustellen und gültige Fahrpläne gut sichtbar im Wagen auszuhängen und vor allem nachts für ausreichende Beleuchtung zu sorgen. Beutel für die Entsorgung von Hundekot müssen ebenfalls vorrätig gehalten werden. Steht der Wagen längere Zeit leer, muss der Fahrgastraum auf Anfrage an Wohnungssuchende vermietet werden, wobei der Kofferraum allerdings nicht als zweites Zimmer zählt.

BAHN-BONUS

Die Deutsche Bahn weitet ihr Bonusprogramm aus und führt eine kostenlose Kundenkarte ein, mit der bahncardlose Reisende die begehrten Bahnbonuspunkte sammeln können. Die Bonuspunkte werden dem Bonuspunktkonto gutgeschrieben und berechtigen zum Erwerb neuer Bonuspunkte. Ein Bahnbonuspunkt entspricht etwa drei Paybackpunkten oder zehn Rewe-Treuepunkten oder einem halben Hartz IV-Bildungsgutschein. Inhaber der Bahncard 50, die gleichzeitig die Bahnbonuscard und die Paybackcard besitzen, haben dadurch keine weiteren Vorteile, aber auch keine Nachteile. Die Bahn plant sogar, ihr Bonussystem noch umfangreicher zu erweitern und bietet einen Service, der sich an der Lufthansa orientiert und »No Miles no More« heißen soll. Dort erhält man für jede Minute Verspätung einen Bonuspunkt, bei völligem Zugausfall gibt es 100 Bonuspunkte, wer 10 000 Bonuspunkte zusammenhat, bekommt die Goldene Bahnbonuscard mit integriertem Thermometer. Bei Temperaturen über 50 Grad verfärbt sich die Karte rot, ab 70 Grad kann man sich damit Luft zufächeln und werden 100 Grad überschritten, schmilzt die Karte und alle Bonuspunkte sind verfallen.

MERKEL GEWALTBEREIT

In Berlin herrscht Panik, nachdem Angela Merkel erklärt hat, sie freue sich, »dass es gelungen ist, Bin Laden zu töten«. Vertreter der Kirche zeigten sich empört, und der Vorsitzende des Bundestagsrechtsausschusses, Siegfried Kauder (CDU), erklärte: »Das sind Rachegedanken, die man so nicht hegen sollte.« Insgesamt hält man sich jedoch eher bedeckt, denn viele Politiker haben einfach Angst, ihre ehrliche Meinung zu sagen. Sie glauben, dass Angela Merkel endlich ihr wahres Gesicht gezeigt hat, und befürchten, sie könnten vielleicht die Nächsten sein, die ins Visier der Kanzlerin geraten. Scheu huschen Abgeordnete durch das Parlamentsgebäude, viele schicken ihre Sekretärinnen auf den Gang, die überprüfen sollen, »ob die Luft rein ist«, bevor sie dann schnell und geduckt in die Kantine rennen. In der Fraktion der Linken wurden Bleiwesten verteilt, in der SPD überlegt man, dem Beispiel der FDP zu folgen und alle Abgeordneten zu bewaffnen. Als besonders gefährdet gilt Wolfgang Thierse, der Osama Bin Laden ziemlich ähnlich sieht. Parteifreunde wollen ihn wenigstens zu einem kugelsicheren Bart überreden.

RÖMISCHER PFERDEKOPF

Ein im mittelhessischen Waldgirmes entdeckter Pferdekopf aus der Römerzeit wurde in Frankfurt der Öffent-
lichkeit präsentiert. Fachleute halten den Fund für
ebenso bedeutend wie die Himmelsscheibe von Nebra.
Ein gewagter Vergleich. Die Himmelsscheibe von Nebra
ist etwa 2000 Jahre älter und sie vermittelt uns anschaulich, wie sich die Menschen damals eine Scheibe
vorgestellt haben. Doch welche Erkenntnisse liefert
uns der Pferdekopf? Wir sehen: So also haben sich
die Römer ein Pferd vorgestellt bzw. einen Pferdekopf. Er unterscheidet sich nicht von heutigen Pferde-
köpfen, was bedeutet, dass es auf diesem Gebiet kaum
eine Weiterentwicklung gegeben hat. Archäologen
glauben, dass der Kopf zu einem Standbild von Kai-
ser Augustus gehört. War also Augustus ein Pferd?
Oder wurde er als Pferd dargestellt, weil dessen großer Kopf auf die erhöhte Denkfähigkeit des Impera-
tors verweisen sollte? Hier sind die Wissenschaftler
gefordert. Bis jetzt wurden noch keine Beine gefunden,
was darauf hindeutet, dass römische Pferde möglicherweise beinlos waren, und das würde dann wieder erklären, warum die Varusschlacht verloren ging.

SONNE ENTFERNT SICH

Die Deutsche Physikalische Gesellschaft gab bekannt, dass sich Erde und Sonne alle zehn Jahre einen Meter voneinander entfernen. Woher kommt die zunehmende Entfremdung zwischen Erde und Sonne? Mit »herkömmlichen Methoden der Gravitationsphysik« kann das angeblich nicht erklärt werden – aber mit unherkömmlichen. Lässt die Anziehungskraft der Sonne nach? Als Beleuchtungskörper ist sie unangefochten die Nummer 1, noch vor der Neonröhre, dem Abblendlicht und der Handschuhfachbeleuchtung. Aber als Funfaktor hat die Sonne an Attraktivität eingebüßt. Hautkrebs, Ozonbelastung, Gletscherschmelze, das alles hat die Sonne unbeliebt gemacht. Natürlich ist auch die Atomindustrie interessiert, den Einfluss der Sonne zu schwächen, um den Solaranlagenbauern zu schaden. Die Regierung will sie sogar gegen eine Energiesparsonne austauschen. Insgesamt aber fühlt sich die Sonne immer stärker von der Erde abgestoßen. Forscher glauben, der Anblick spärlich bekleideter deutscher Körper im Frühling erschrecke den sensiblen Himmelskörper und zwinge ihn, sich weiter ins Weltall zurückzuziehen. Jeder, der mit Socken und Sandalen ins Freie geht, vergrößert fahrlässig den Abstand zur Sonne.

GEMÜSE ABSCHALTEN

Die Grünen erwägen eine Klage gegen die schwarz-gelbe Koalition wegen Urheberrechtsverletzungen. Der Ausstieg aus der Atomenergie wurde nämlich von den Grünen entwickelt, die Partei besitzt alle Rechte daran, und nur mit ihrer Zustimmung darf man die Atommeiler überhaupt abschalten. Was die Regierung plane, verstoße gegen alle geltenden Gesetze, erklärte ein Sprecher der Öko-Partei, man habe ihnen die Geschäftsgrundlage entzogen. Die Koalition denkt jedoch noch weiter und will alle Gemüseläden abschalten. Zuerst sollen die Gurkenfarmen vom Netz genommen werden, dann sind die Tomatenwerke dran, und auch die Sprossenproduzenten müssen dicht machen. Aus dem Bundeskanzleramt verlautete, es gebe in diesem Land sowieso eine Überversorgung mit Sprossen. Während der Anteil an Leitern gleich geblieben ist, hat sich die Zahl der in Deutschland produzierten Sprossen vertausendfacht. Verbraucherschutzministerin Aigner will alle Möhren- und Mangoldmeiler auf ihre Sicherheit überprüfen lassen. Die Endlagerung von Gemüsemüll müsse noch geklärt werden, aber spätestens 2020 soll Deutschland beilagenfrei sein.

TUNNELTEST II.

Zum wiederholten Mal hat der ADAC europäische Tunnel getestet und dabei erneut erhebliche Mängel festgestellt. Besonders kritisch wurde der Simplontunnel beurteilt. Man fährt nichtsahnend in Italien hinein und kommt in der Schweiz heraus. Fährt man aber in der Schweiz in den Tunnel, kommt man in Italien heraus. Das ist Betrug, meint der ADAC. Der Tunnelbenutzer müsse sich darauf verlassen können, dass er die Röhre, wenn schon nicht im selben, dann wenigstens in einem vergleichbaren Land wieder verlasse. Außerdem kommen einem im Simplontunnel ständig Züge entgegen. Eine lebensgefährliche Sache. Große Mängel stellten die ADAC-Experten auch am privat betriebenen Warnow-Tunnel in Rostock fest. Vier Fahrspuren sollen eigentlich den Weg vom Osten in den Westen verkürzen, doch wenn man den Tunnel wieder verlässt, befindet man sich immer noch auf dem Gebiet der ehemaligen DDR. Gerade für ostdeutsche Autofahrer eine traumatische Erfahrung. Als bedenklich wurde auch der Ostwestfalentunnel in der Bielefelder Innenstadt eingestuft: Egal von welcher Seite man reinfährt, man kommt immer in Bielefeld raus. Deshalb erhielt der Tunnel vom ADAC das Prädikat: »kaffkaesk«.

Und gleich weiterlesen:

Hans Zippert

Aus dem Leben eines plötzlichen Herztoten

Tagebuch eines Tagebuchschreibers

Edition
TIAMAT

Klappenbroschur, 14,-EUR

Dieses Buch könnte Ihnen gefallen, wenn Sie schon mal ein Buch gelesen haben. Ist aber keine Bedingung.

www.edition-tiamat.de